朝日新書
Asahi Shinsho 245

百年読書会

重松　清 編著

朝日新聞出版

百年読書会　目次

斜陽

太宰治

太宰 治

Dazai Osamu

1909（明治42）年〜1948（昭和23）年

本名は津島修治。青森県金木村（現・五所川原市）生まれ。津島家は津軽有数の地主で、父は貴族院議員をつとめた。東大仏文科に入学。敬愛していた井伏鱒二に長く師事した。共産党の非合法活動にかかわり、その後脱落。中学生時代から習作を試みていたが、33年太宰治の名で『漁服記』『思ひ出』を書き、注目される。35年『逆行』が第1回芥川賞の次席になった。39年井伏鱒二の紹介で石原美知子と結婚、この頃がもっとも生活は安定していた。40年『走れメロス』、41年『新ハムレット』、45年『お伽草紙』。『斜陽』は敗戦後の47年に書かれた。初期からのテーマや技法が生かされ、太宰文学の代表作として話題になる。『人間失格』の刊行を目前にして、未完の『グッド・バイ』を残し、48年戦争未亡人山崎富栄と玉川上水に入水自殺をした。

文庫で入手可能なもの
新潮文庫、集英社文庫、角川文庫、ちくま文庫、文春文庫、岩波文庫ほか

内容解説

１９４７(昭和22)年に刊行された長編小説。没落する貴族の家庭を背景に、病気の老母と、ロマンティシズムに生きようとする姉のかず子、麻薬中毒で自滅する坊っちゃんくずれの弟の直治《なおじ》、流行小説家の上原の４人が登場する。姉の手記と上原に宛てた手紙で構成される。お金のことで人と争うことができない直治は「貴族に生れたのは、僕たちの罪でしょうか」の言葉を残して自殺した。かず子は「人間は恋と革命のために生れて来たのだ」と確信し、上原との間に宿した子の母として生きる決心をする。戦後の激動期に反響を呼び、「斜陽族」という流行語も生まれた。

『斜陽』【1】

古い恋文を見る気持ち

名作とは、世代を超えて読み継がれると同時に、一人の人生の中で何度でも出会えるもの。当読書会に冠した「百年」は「長いお付き合い」という思いを込めた数字です。そのトップバッターとして、迷わず太宰治を選びました。今年（2009年）が生誕百年というだけでなく、太宰ほど「青春時代に読んで以来〇年ぶり」という再会がふさわしい作家はいないはず。〈高校時代に読んだ『斜陽』を五十年後に読んでどんな印象を持つだろうかと、古いラブレターでも出してきた気持ちで読み始めた〉（福岡県・石橋瞳さん・68）――当読書会は、まさにそのきっかけになることを願っているのです。

実際、さっそく寄せられた投稿には、太宰との再会を綴《つづ》ったものが数多くありました。しかも、面白い傾向が。

〈改めて『斜陽』を読んでみた。ところが、私の記憶にあるストーリーは、お母さまが

2人に見守られて亡くなる場面で、あとが切れているのである。これはどうしたことか〉（千葉県・猪崎富佐喜さん・78）

〈斜陽族という言葉が流行していた頃読んだ時は、優雅なお母さまを主人公として読んだ。これが『斜陽』かと思っていたが、今読み返して主人公はかず子だったことに気づいた〉（茨城県・笹目喜伊さん・71）

再読によって、最後の貴族であるお母さまから、自殺した直治やシングルマザーとして生きる決心をしたかず子に焦点が移った、という声がじつに多かったのです。だからこそ〈もう少し短くてもよいのではないかと思った。母の死の後は直治の遺書だけでよい〉（大阪府・岡田啓子さん・74）という意見も。

さらに、再読時には『斜陽』の「甘さ」が鼻についたという人も少なくありません。22歳で初めて読んだ時の感想を「かず子や直治の気持ちがわかる」と本に書き込んでいた宮城県のはむ子さん（66）は〈再読してみると、主たる登場人物たちに反感を覚える。滅びゆく者たちの世迷《よま》い言《ごと》としか感じられない〉とばっさり。神奈川県の上甲知子さん（36）も〈行動する前に悩み、それがすべてだった高校時代の私は、太宰のグジグジにかなり共感していた。けど、3人の子の母となったいまは違う。共感できない。いらいらする〉。

一方、今回『斜陽』を初めて読んだ大阪府の北澤礼子さん（22）は〈愛らしい少女小説な感じがした〉と言い、東京都のMさん（47）は〈「俺《おれ》が」「私が」という言動が蔓延《まんえん》する今の世の中から見ると、むしろ奥ゆかしい印象さえある〉。

総じて初読の皆さんのほうに肯定的な声は多かったようですが、やはり、評価が分かれるのは、かず子をどうとらえるか。〈かず子は、いまでいう「天然」さんで、考えや行動が突拍子もない。太宰さん、あなたは女性というものをご存じないのでは？　とおばさんは言いたい〉（福岡県・吉川晴枝さん・58）――次章は、そんなかず子をめぐる議論を。

『斜陽』【2】

かず子の決意どう受けとめる?

最後の貴族としてたおやかさを保ったまま生を閉じるお母さま、激変する時代に呑《の》み込まれて自殺してしまう直治、そして物語の最後でシングルマザーとなる決意を固めたかず子――三者三様の「戦後」の生き方の中で最も賛否が分かれたのは、やはりかず子の決意でした。

〈『風と共に去りぬ』のスカーレット・オハラが大地を踏みしめ、「どんな事をしても生き抜いてみせる」と力強く誓ったシーンが浮かんできた〉（山口県・生田恵子さん・53）という声の一方で、〈あまりにも飛躍しすぎていて、とうてい理解できない〉（神奈川県・中澤朋子さん・66）、〈自ら人生の新しい道を革命と称して選択したのに、大きな希望が感じられない。今にも暗いところに堕《お》ちていきそうなかず子は危うく思えてしかたない〉（東京都・鎌田佳寿子さん・46）と批判的な感想も数多く寄せられました。

特にかず子否定派で目立ったのは、「相手が上原でほんとうにいいの？」という疑問。〈男としても人間としても魅力のかけらもないような人物の子を産もうというのは、どういうことなのか〉と52歳の渡部美和子さん（東京都）が憤《いきどお》れば、16歳の石田夏月さん（兵庫県）も〈道徳を否定する手段に私生児を産み、しかも情熱のさめた気持ち悪い男が相手というのは理解できない〉と首をかしげます。

もっとも、肯定派にとっては、かず子の決意の「正しさ」ではなく「ひたむきさ」こそが魅力のようです。

〈決して正しいとは思わないにせよ、フツフツと熱いものがこみ上げてくるようでうらやましかった〉（静岡県・柿沼ひろみさん・50）

〈かず子のちょっと行き過ぎとも思える向こうみずな行動には、斜陽どころか朝日のような輝きを感じました。馬鹿なぐらい一途になれる心に少しうらやましさも感じました〉（千葉県・松田孝浩さん・38）

〈痛ましいほどまっすぐな心持ちがいいなぁー〉（神奈川県・やっぱ栗山さん・49）

〈仕事や親の介護などに疲れ気味の私にとって、かず子はまるで英雄のようです。私も

かず子のように前向きに強く生きたいと素直に感動しました〉（和歌山県・えみさん・48）

えみさんの職業は中学の教師――ちょうど教え子と同年代になる15歳の日下部包さん（長崎県）は、かず子が上原に宛《あ》てた手紙や直治の遺書に、こんな感想を寄せてくれました。

〈二人に共通しているのは自分を曝《さら》しているということだ。僕にはできない。怖い。女の子に告白したことはないし、友達と本気で向き合ったこともない。自分を曝すということは、他人から傷つけられやすい、ということだから〉

〈自分を曝すということ〉は強さなのか弱さなのか――。

じつは作品全体の「強さ」と「弱さ」についても、かず子への感想と同様、くっきりとしたコントラストが浮かび上がっています。次章はそれを軸に投稿をご紹介します。

『斜陽』【3】

「弱さ」と「強さ」はどのように?

『斜陽』の中に、かず子がHOTEL SWITZERLANDを訪ねる夢を見る場面がありま す。そのスイス在住のローアまゆみさん(51)から届いたメールには〈どうしてこんなに弱い人ばかりなんだろう〉とありました。〈皆が優しく、自分は傷ついても他人をいじめてはいないのだ。みんなみんな優しい。そういう優しさで、異国で生きてはいけないのだ〉

「異国」を「社会」に置き換えれば、社会人2年目の神田康也さん(静岡県・23)の投稿にも重なり合います。

〈初めて読んだ時にはお母さまに体現されている「滅びの美」に魅せられていたが、去年の春に就職して世間の荒波にもまれていくうちに、かず子のほうがはるかにタフで、「生」に対して消極的なお母さまは軟弱だと感じるようになった〉

もっとも、2人とも決して弱さを否定しているわけではなく、むしろ逆に、弱さに惹《ひ》かれていた頃を懐かしんでいるような様子も。15歳の若林舞さん（埼玉県）が書いてくれたように〈私たちの中には彼らをうらやむ気持ちと軽蔑《けいべつ》する気持ちが共存している〉のでしょうか。だからこそ——と、山形県の佐藤拓さん（39）は『斜陽』の魅力をこんなふうに説きます。

〈誰もが皆、落ちていく欲望と戦って、踏ん張っているのだと思います。『斜陽』の登場人物たちは、我々の代わりに落ちていく欲望を実践してくれるのです。それも、美しく、可憐《かれん》に弱い心をさらけ出して〉

その一方で、かず子の強さこそがお手本ではないか、という声も多く寄せられました。〈勇気づけられた。堕ちていく人間の美しさに負けない、何かを生む人間の強さを太宰が教えてくれた〉（奈良県・上田薫さん・30）、〈『斜陽』は生々しい人間の熱意を綴った「希望小説」〉（東京都・渡部大介さん・27）、〈ここには、たくましく世の中で生きていく術《すべ》が描かれている〉（群馬県・齋藤友由樹さん・40）、〈かず子は「他の生き物には絶対に無くて、人間にだけあるもの。それはね、ひめごと、というものよ」と語っているが、私は「希望もよ」と付け加えたい〉（山口県・藤井千恵子さん・61）……まさに千葉県の椚原秀美さん（50）が言うとおり〈貴族滅べど女は永遠〉かもしれません。

ただし、かず子が宿した子どもについては、こんな感想も。〈かず子は自分が選び取った人生で満足だろうが、生まれた子は最初から「革命の旗」を持たされるのだから難儀な人生だなあと思う〉（東京都・小口あや子さん・58）

ちなみに作品中でかず子が妊娠を明かすのは、昭和22年2月7日付の手紙――ということは、子どもが生まれるのは同じ年、1947年のはず。つまり、この子は団塊の世代なのですね。それを思うと、〈60年代末の学生運動の最中、私の世代もまた恋と革命の青春だったような気がします〉（埼玉県・菱沼真紀子さん・61）という声にも味わい深さがひとしおではありませんか。

『斜陽』【4】

文学史年表を飛び出す迫力

いま「名作」と呼ばれる作品も、発表当時は当然ながら「新作」でした。『斜陽』だって1947（昭和22）年の刊行時点では、まだできたてのホヤホヤ。だからこそ、その時点で作品に接した世代の声には、圧倒的な臨場感があります。

〈再読して、特権階級の滅亡に拍手喝采《かっさい》した出版当時の読後感を鮮明に思いだした〉（愛知県・前田豊子さん・82）

〈『斜陽』を初めて読んだ時に衝撃を受けた。地主だった我が家は農地解放で土地を失い、家を顧みることの少なかった父と、体の弱い母と幼い弟妹たちとで、残った田を夢中で耕していた頃だった。自分に重ね合わせていたのかもしれない〉（神奈川県・伊沢希子さん・80）

今回の投稿の最年長は、97歳の福岡県・古賀ユキさん。太宰治とまさに同世代——

自殺した直治についての〈私どもとしても全く無縁な苦しみではなかった。如何《いか》に生くべきか、の苦悩を超えて私たちは生きた。直治も本当は生きたかったに違いない〉という言葉は、太宰自身へのメッセージにもなりそうです。〈50歳、60歳、70歳の太宰さんの作品を読んでみたかったなァ〉と40代すら迎えずに逝った作家を惜しむ千葉県の藤井恒子さん（54）に応えるかのように、福岡県の松元義文さん（67）は、〈97歳の日野原重明さんは太宰とほぼ同時代人だが、文体には隔世の感がする。太宰がいまも生きていたなら、どんな文体で書いていただろうか〉。そう考えると、「太宰治・生誕百年」が文学史の年表を飛び出して、グッとこっちに迫ってくるから面白い。

一方、うんと若い世代からの投稿もうれしく読ませてもらいました。12歳のちゅちゅ！さん（神奈川県）は〈がんばって読みましたが……どこが名作なの？　ってカンジでした〉と正直に打ち明けながらも、〈大人になったら理解できる……かな〉と最後に書き添えてくれました。いまはわからないことだらけだという15歳の熊木葉子さん（新潟県）も〈いつか『斜陽』にリベンジして、いろんなことを感じ取りたいです〉と、頼もしい再読宣言を。がんばって。ぜひ。

最後にこんな投稿をご紹介します。中国から来日して大学で非常勤講師をしている鄧捷さん（40）が、北京大学在学中に『斜陽』を読んだのは1989（昭和64／平成元）年――民主化を要求する若者たちが軍に鎮圧された天安門事件の直後のこと。

〈命の危険を感じながらデモやハンストをしていた者としては、愛する人の子供を産むことが「闘争」だというかず子の戦いは、あまりにもちっぽけで無力だと思った。だが、徐々に、明日を生きるためにはこのちっぽけな戦いしかないと悟った。価値観の崩壊から立ち直るには、新たな価値を見つけるしかない。その新たな価値となるものは、ありふれた自然と平凡な日々。私はかず子のつぶやきを何度も読み返したのだ〉

いかがでしょう。さらにもう一回読み返してみたくなったひと、多いんじゃないかな？

投稿数　2053通

楢山節考

深沢七郎

深沢七郎

Fukazawa Shichirô

1914（大正3）年〜1987（昭和62）年

山梨県石和《いさわ》町（現・笛吹市）生まれ。幼少時に角膜炎を患い、右眼が不自由だった。少年時代から映画、芝居を好みギターに熱中する。第二次大戦後は日劇ミュージックホールでギターを弾くかたわら、丸尾長顕のすすめで、「中央公論」の第1回新人賞に応募し、56年『楢山節考』で受賞して作家生活に入る。57年『東北の神武たち』、58年戦国乱世の農民を描いた『笛吹川』などを発表するが、61年、前年に発表された『風流夢譚』に刺激された右翼が中央公論社社長邸を襲った事件を契機に、放浪生活を営む。62年『流転の記』を「群像」に、『庶民列伝』を「新潮」に発表した。65年埼玉県菖蒲町（現・久喜市）でラブミー農場を始める。71年には墨田区に今川焼「夢屋」を開店した。79年発表の『みちのくの人形たち』で谷崎潤一郎賞を受賞。

文庫で入手可能なもの

新潮文庫

内容解説

1956（昭和31）年に発表された短編小説。おりんの住む山深い寒村では、口減らしのため、70になった年寄りを楢山に捨てに行かねばならない。隣家の又《また》やんとは対照的に、今年69歳のおりんは掟《おきて》を受け入れてその日を待ち望むが、心優しい息子・辰平の気持はにぶる。向う村から迎えた辰平の後妻・玉やんもおりんに親しんでいた。いよいよ山へ行く日がやってきた。辰平は悲愴な思いで供をつとめる。背板の老母を岩陰におろして山を下るうち、雪が舞い降りてきた。「おっかあ、雪が降ってきたよう」。ただ一言を言うために辰平は禁断の山道を登り返す。

『楢山節考』【1】

昔話ではなくて……

口減らしのためのうば捨て伝説をベースにした本作、1956（昭和31）年の発表当時も衝撃作として話題を呼びましたが、半世紀以上の時が流れても、決して「昔話」にはなっていないようです。

老人の孤独死、介護疲れによる自殺や無理心中、管理のずさんな施設での事故など悲しくやるせないニュースが後を絶たないなか、〈頁《ページ》をめくるのにこんなに勇気が必要だった小説は初めて〉と言う北海道の佐藤八穂子さん（58）をはじめ、〈あまりにも悲しく残酷な物語だった。読み終えて明るい光も希望も感じられない〉（広島県・岸民子さん・63）、〈暗く、寒く、貧しく、悲しい物語。こんな事が決してあってほしくない〉（兵庫県・多田英子さん・58）……と、拒否反応を示す声が少なくありませんでした。

また、2度にわたって映画化されているだけに、スクリーンでの印象が深く胸に刻まれている人も多いようです。ちなみに最初の映画化は1958（昭和33）年、木下恵介監督作品。捨てられるおりんを演じたのは田中絹代さん、息子の辰平役は高橋貞二さんでした。1983（昭和58）年の今村昌平監督作品では、坂本スミ子さんがおりんを、緒形拳さんが辰平を演じ、同年のカンヌ映画祭でパルムドールを受賞しています。

ところが、映画では知っていても原作を読むのは初めてという皆さんは、共通して、印象が変わった、と言います。

〈映画では田中絹代さんのおりんの印象が強烈で、ただ怖い気持ちで一杯《いっぱい》だった。いま原作を読んでみて、あらためてその透徹された世界に触れた〉（京都府・山中あきひこさん・70）

〈映画では苦渋の選択をする緒形拳に感情移入したが、原作ではおりんの悟りのような境地が淡々と書かれていて、かえって愛する息子への抑えた想《おも》いが感じられて感動を覚えた〉（東京都・岸田厚子さん・53）

〈今村昌平監督の映画を40歳で観《み》た。母を山へ送る子の立場から観たその作品は「うば捨て山」という暗く悲しいイメージだった。だが、送られる母の歳《とし》に近い65歳になって

読んだ原作は違っていた。おりんは捨てられるのではない〉（愛媛県・阿部沢子さん・65）

印象の違いは、物語を辰平の側から見るか、おりんの側から見るか、という視点の違いでもありそうです。再読組の皆さんからも、それを実感した声が多く寄せられました。〈21歳で初めて読んだ時は「なんてひどいこと……」と思ったけれど、今回読み返して「オウッ」と思ったのは、かわいそうとか悲しいとかの感情を超えたところから書かれていること。過酷な状況を「そういうもの」として受け入れて生きたおりんの、凛《りん》とした、威厳すら感じさせる姿に圧倒される〉（愛知県・いよ子さん・27）

おりんは、因習や貧しさの犠牲者なのか、それとも死に臨む人の一つのお手本なのか……。

『楢山節考』【2】

親を捨てる迷いにホッ、いまの孤独死より幸せ

うば捨ては悲しく残酷な因習です。それを認めながらも、三重県のぽこさん（50）は〈なんともいえないすがすがしい気持ちになったのが自分でも不思議だった〉と首をかしげます。〈本を読んだというより、夢を見たような気持ち〉という神奈川県の諏訪敦子さん（73）も、同様に〈明るい夢ではないのに、すがすがしい〉。

そんな読後感は〈「こうすることが一番なんだ」という、おりんの迷いのない潔さ〉（埼玉県・ふーさん・47）から生まれ、その潔さがあるからこそ、読者は〈親を捨てる辰平や玉やんが迷いやつらさを持っていることに、ホッとする〉（東京都・鎌田佳寿子さん・46）のかもしれません。

〈楢山へ向かうおりんと辰平の姿は、究極の愛に満ちているように見えます〉（福岡県・和泉津夕子さん・35）

〈残酷な物語だが、根底にある濃密な親子の情愛描写に心が救われた〉（山梨県・小田切常雄さん・63）

辰平は、一度はおりんのもとに戻り、雪が降ってきたことを告げると、また駆け出します。〈その時、おりんは泣いたのだろうか。私は泣いたと思う〉と千葉県の星都さん（37）が言う一方で、香川県の中村明子さん（66）は〈むしろの上に正座したおりんは静かに微笑《ほほえ》んでいたのではないか〉。また、〈辰平の背のぬくもりと家族との対話を感じながら逝けたおりんは、いまの孤独死よりずっと幸せ〉（福島県・三村達道さん・70）という意見にうなずく人も、逆に〈村の貧しさこそが問題。自らを犠牲にして他者を思いやる愛など、なにやら胡散臭《うさんくさ》く、少しも美しいとは感じられない〉（茨城県・井上通さん・67）の声に共感する人も、それぞれ数多いはず。

どちらが正解かというのではなく、さまざまな読み方ができるところに、この作品の奥深さがあります（たとえば玉やんがいなくなるラスト、皆さんはどう読みましたか？）。おりんの姿もまた、読者それぞれの人生や暮らしに根差した読み方を受け止めるために、あえて迷いをなくし、真っ白な雪のように描かれているのかもしれません。

その潔さは、強く、美しく、だからこそ悲しい。〈おりんさーん、やっぱりカラスは恐ろしかったでしょう?〉（奈良県・箕浦典子さん・42）や〈おりんには最後まで生きていてほしかったなぁ……〉（広島県・ばるささん・38）といった優しい声が、45歳の辰平と同年代から特に多く寄せられたのも、そのためでしょうか。

さらに若い世代からは、こんな投稿も。

〈たとえ母が楢山参りを強く希望しても、大好きな母の介護は私が引き受けたい〉（神奈川県・柏木智帆さん・26）

〈まだ母に依存している私には、母を楢山に捨てるのは考えられません!〉（兵庫県・せのじゅんさん・15）

年長の読者から見るとちょっと幼くても、とても大切な温《ぬく》もりに満ちた声でした。

『楢山節考』【3】

進んで山にいくおりん、拒む又やん

水墨画を学んでいる蔭木呈子さん(兵庫県・78)から、こんな投稿が寄せられました。〈又《また》やんが崖《がけ》から突き落とされる場面、降りしきる白い雪と、谷底から舞い上がるカラスの黒のコントラストが見事〉

なるほど。松岡真実さん(大阪府・43)の投稿にも、〈おりんと又やんという2人を白・黒のコントラストで表現しているので、『こぶとりじいさん』や『はなさかじいさん』などのおとぎ話を読んでいるような印象を受けた〉とありました。

実際、おりんと又やんはすべてが対照的です。生に執着する又やんは哀れな最期を迎えてしまうのですが、〈最初は又やんを「見苦しい」と思ったが、自分がその立場になった時におりんのようになれるとは到底思えない〉(群馬県・齋藤友由樹さん・40)、〈おりんの行為は立派すぎて、とてもついていけそうにない。生に執着して息子に崖から突き落とされる又やんのほうが現実的〉（神奈川県・加藤三朗さん・71）という声も多く寄せられました。

さらには、〈又やんこそが本来あるべき人間の姿なのではないかと思うようになった〉（兵庫県・りえさん・34）、〈見苦しく生に執着するザマこそが本当だ〉（大阪府・石田誠さん・60）、〈泣いて抵抗して谷に転がされる又やんが、本当の正直な人間なんだと思う〉（神奈川県・甘濃晶子さん・59）……。又やんは確かに弱い。けれど、その弱さにこそ、人間らしさがあるのかもしれません。

それにしても、決して長くはない作品なのに、又やんをはじめ、脇役にも言及した投稿の多いことに驚かされました。埼玉県の茂田力さん（62）の言うように〈登場人物のことをあれこれ考えていると、自分なりのサイドストーリーも生まれてくる〉のでしょうか。

特に多かったのが、物語の最後で姿を消してしまう玉やんを案じる声でした。〈玉やんは自分の村に帰ってしまったのだろうか。でも、近隣の村にもうば捨ての風習はあるだろうし、遠くの村に行ったのかもしれません〉（埼玉県・内藤美子さん・50）、

〈おりんから伝え聞いた「いわなのいるとこ」に行って、静かにおりんを偲《しの》んでいるような気がします〉（岩手県・木村千絵さん・35）、〈おりんを連れ戻しに行ったのでは〉（茨城県・鈴木博之さん・69）、〈たまたまその場にいなかっただけで、家を出たのではないと思います。おりんを捨てたあとも、その痛みを胸に沈めて日常を淡々と繰り返す、そのほうが不条理が際立つと感じます〉（千葉県・金子紀子さん・52）……。

さまざまな声は、読者一人ひとりの「自分ならどうだろう」が生み出しているのかもしれません。〈私の父は入院中に深夜一人で息を引き取った。亡くなる4日前に「家に帰りたい」と言う父を押しとどめた私は、又やんの倅《せがれ》と同じではないか〉（埼玉県・乃木浩之さん・67）という思いを受け止めつつ、次章は『楢山節考』が映し出すわれわれの死生観について――。

『楢山節考』【4】

現実の介護体験につなげると

おりんを捨てる息子・辰平と同年代の中村秀美さん（兵庫県・46）は、『楢山節考』の読後感を〈胸とおなかの中に、石か鉛が入ってしまったように重い〉と表現しています。おりんの孫・けさ吉と同年代の受験生さん（愛知県・17）も、〈心にズシンとくるものがある話だと思いました〉。

その重みは、〈現在の日本のあちこちでも、形こそ違え、こうした親子の葛藤《かっとう》が存在するのだと思った〉（兵庫県・高木朝雄さん・61）という、老いと死をめぐるリアリティーが生み出すものなのでしょうか。

〈一人暮らしの母を遠距離介護している私にとって、この小説は、いまの私が向き合っている日々の課題そのものを問いかけてきます〉（千葉県・藤井恒子さん・54）、〈寝たきりの老母を介護施設に預けている我が身からすると切実でつらい話である〉（福岡県・

中井康雅さん・52〉……など、現実の介護体験を綴った投稿を、ほんとうにたくさんいただきました。

また、〈おりんの年齢を超えた我が身には、他人事《ひとごと》ではすまされない差し迫った状況がある〉（愛知県・前田豊子さん・82）という年配の世代からの投稿には、〈おりんのように尊厳を持って安楽に死んでいけるように、「うば捨てシステム」をつくれないものか〉（愛知県・田辺英二さん・75）というものも少なくありません。

実際、医師として高齢者の現実を見てきた田舎医師さん（福島県・45）は、〈おりんさんは、決して不幸には見えませんでした。自分の意志にかかわらず延命治療をいたずらに施されて「生きている」患者さんと、どちらが幸せなのか、読んだあとずっと考えています〉。

だからこそ、兵庫県の川上陽子さん（33）は、辰平が最後におりんに告げた「おっかあ、ふんとに雪が降ったなァ」の一言に親子の深い情を感じ、こんなふうに問いかけるのです。

〈社会からも家族からも切り離されて死んでいく現在の老人には、辰平すらいない。死

に際にこんなに哀切で愛情あふれた言葉を抱えて死んでいける老人はいるのだろうか〉

その問いに対して、お父さんを看取《みと》った時のことを振り返る広島県の尾崎海星さん（62）の投稿は、大切な回答の一つになっているのでは？

〈兄弟3人で父の胸や首などに手をあてて、かすかな鼓動を感じ、命の営みを共有しながら、「ありがとう」の気持ちを精一杯伝えて見送った。小説のお山の場面に自分の体験が重なり、涙が出た〉

最後に、静岡県の宮澤容子さん（42）の投稿を——。

〈中3の息子に『楢山節考』のあらすじを聞かせて「お母さんを捨てる？」と訊《き》いたら、「いまは時代が違うんだから。しつこく訊くと、ほんとに捨てるぞ」と怒られてしまいました〉

きっとお母さんと仲良しのはずの少年のプンプン怒った顔を思い浮かべ、「そのふくれっつらを忘れちゃダメだぜ」と親孝行へのエールをおくりつつ、『楢山節考』を閉じましょうか。

投稿数　1426通

向田邦子

あ・うん

向田邦子

Mukôda Kuniko

1929（昭和4）年〜1981（昭和56）年
東京生まれ。実践女子専門学校国語科卒。映画雑誌の記者やシナリオライターをへて、放送作家となりラジオ・テレビで活躍する。64年源氏鶏太原作のテレビドラマ『七人の孫』の脚本に参加、注目を集める。その後『だいこんの花』『時間ですよ』『寺内貫太郎一家』『冬の運動会』『阿修羅のごとく』『あ・うん』などが話題になった。やがて小説を書き始め、80年連作短編集『思い出トランプ』所収の「花の名前」「かわうそ」「犬小屋」で直木賞を受賞。『父の詫び状』『眠る盃』など戦前の中流家庭の情景を見事に切り取ったエッセーでも名人芸として高い評価を得る。81年台湾への取材旅行の途中、飛行機事故で急逝した。

文庫で入手可能なもの
文春文庫、新潮文庫

内容解説

1980（昭和55）年に放送されたテレビドラマの小説化で、81年刊行の著者唯一の長編小説。軍需景気で金回りのいい実業家・門倉修造と一介の月給取りである水田仙吉は、親兄弟よりも深い付き合いを20年来続けてきた軍隊の「寝台戦友」。門倉は仙吉の妻・たみにひそかな思慕を寄せている。仙吉もたみも、門倉の妻・君子もそれを知りながら、神社の阿《あ》・吽《うん》の狛犬《こまいぬ》のような2人の男の奇妙な友情は変わらない。仙吉の一人娘・さと子はそうした大人たちを不思議な思いで見つめている。昭和10年代、日中戦争前夜の世相を背景に市井の人々の織りなす人間模様を描く。

『あ・うん』【1】

3人の男女の距離に驚きの反応

大変です。『あ・うん』をめぐる読書会は、1回目から風雲急を告げる展開になっています。作品への賛否が真っ向からぶつかっているのです。

まずは、辛口の意見から。神奈川県の牛島芳一さん（61）は〈「う〜む、こんなの有りかなあ……?」が正直なところである〉と首をかしげ、福島県の菅野仁さん（65）は〈どこをどう読めばおもしろいのか分からなかった〉、広島県のNOさん（67）は〈この小説の評価は高いようだが、私にはそのことが理解できない〉と、それぞれバッサリ。

総じて50〜60代の男性の声に厳しいものが目立ったのですが、その大半が〈登場人物たちの薄気味の悪い距離感が、終始気になりました〉（北海道・北山幸太郎さん・58）という、作品中の人間関係に対する拒否反応でした。

水田仙吉と門倉修造の友情や、仙吉の妻・たみと修造との秘めた思い、そして大切なことはそれぞれの胸に秘めたままの関係……。確かに、北山さんの投稿に〈テンポの速い文体が空気の粘っこさを薄めていますが〉とあるとおり、書きようによってはドロドロの煮詰まった関係になってしまいそうです。

ところが、まさにその人間関係こそが本作の魅力だ、という声も多数寄せられたのです。

北山さんと同じ「距離感」をキーワードにしたインドネシア在住のくにたち蟄居《ちっきょ》日記さん（44）は〈登場人物の距離感が斬新だった。密接でありながら暑苦しくない〉と、それを好意的にとらえ、宮城県のまっつさん（45）も〈3人がいる空間がうらやましく、空間が醸《かも》し出す雰囲気に心地よさを感じた〉と言います。さらに、秋田県の伊藤宏教さん（38）は〈濃い人間関係は苦手だが、憧《あこが》れもある。人が人に対して熱く、好きでいられるこの作品の温度は、照れくさくも心地よかった〉。

距離感・空間・温度とキーワードを並べてみると、物語の筋を追うだけにはとどまらない、場面一つずつの会話や情景を味わう『あ・うん』の読み方も浮かび上がってきそうです。

また、〈人とのかかわりを恐れながらも、それを切望している現代に生きる私は、水田と門倉のような関係をうらやましく思う〉（北海道・瀧坪閑さん・48）という声の一方で、〈いまは、このような人間関係を理解できない世代が増えているのではないか〉（愛知県・小樽さん・32）という問いかけも。実際、仙吉と門倉の友情がピンと来なかったという26歳の石曽根康一さん（神奈川県）は、〈僕が大人の男たちの社会に入っていないからなのか、それとも社会自体が変わったからなのか〉と自問するのです。

いずれにしても、今回の読書会のキモは作品中の人間関係をどう読むかになりそう。そして、〈女性の私から言うと賛同できない人間関係です。なにかが違うと思いながらも一気に読み終えてしまい、ラストにちょっぴり感動している自分がいました〉（兵庫県・久里子さん・42）――その感動の正体も探ってみましょうか。

『あ・うん』【2】

濃厚すぎる2人の男の友情は変？

世間一般の友情がコンソメなら、仙吉と門倉の友情はポタージュ――と作中でたとえられているとおり、軍隊で寝台戦友だった2人の関係は、43歳になっても濃密そのものです。

ところが、そんな2人に対して、同年代の40歳前後の男性陣からは意外と辛口の感想が。

〈最後まで2人の関係が謎だった〉（大阪府・殿谷仁志さん・39）、〈門倉と仙吉のような友情はありえない〉（埼玉県・高根沢洋樹さん・39）、〈女性の視点による理想の男性像。こんな男ども、いるわけがない〉（東京都・大村誠さん・43）、〈男という生き物はこんなものね、単純ね、と向田さんに言われているようだ〉（大分県・後藤孝一郎さん・42）……。

ただ、それらの投稿のキツい口調の裏には、単純に否定して切り捨てるだけではない複雑な思いがありそうです。ある種の近親憎悪と言えばいいのか、45歳の高橋英之さん〈東京都〉のこんな意見に思わずうなずくアラフォー世代は多いのでは？・〈1970年代の青春ドラマだのスポ根アニメだのを観《み》て育った人間には、濃厚な友情を無条件で是とする感覚が刷り込まれており、門倉と仙吉の濃い関係を異常と感じながらも、どうしても迫ってくる「うらやましい」という感覚から逃れにくくなってしまった〉

一方、女性からは〈門倉と仙吉の友情としての恋がとても爽《さわ》やかだった〉〈岡山県・長安祐希さん・19〉、〈2人の友人関係はまるで夫婦みたいだ、と思いました〉〈千葉県・みつばちさん・45〉と、「友情」を「恋」や「愛」に高めて受け止める声もありました。

また、仙吉の妻・たみに思いを寄せる門倉は〈いまなら即、略奪愛〉〈青森県・中井睦さん・46〉。だからこそ中井さんはプラトニック・ラブを貫く門倉を〈胡散臭《うさんくさ》く感じるのですが、逆に東京都の石川廣司さん〈62〉は〈相手を思いやる気持ちが純粋なので、三角関係が崇高ささえ感じさせる〉。

そう考えると、肯定と否定を分ける最も大きなポイントは、やはり、たみに思いを寄せっつ過剰なまでの厚意を仙吉一家に注ぐ門倉をどう見るか。
じつは、ここでも〈門倉は相手の気持ちを顧みない身勝手な男。仙吉のメンツ丸つぶれではないか〉（愛知県・一柳肇さん・68）や〈時代とはいえ、門倉のような男に対してよく女性は我慢しているものだ〉（長野県・鷹崎中夫さん・53）と男性陣に厳しい意見が目立ったのに対し、女性の声には門倉を絶賛するものが少なくありません。
〈仙吉の家族に尽くしつづける門倉には「愛」以上のなにかを感じた〉（千葉県・安部素水さん・59）
〈「いかにして愛する者を喜ばすか」に一生懸命な門倉のことが、みんな好きなのだ〉（兵庫県・小野寺初枝さん・75）
身勝手でも不思議と女性からは嫌われない――門倉にかぎらず、向田さんの小説やドラマにはそういう男性がたくさん出てきます。これも向田作品の根強い人気の秘密かもしれません。

『あ・うん』【3】

2人の妻たちを女性はどう見た？

〈恋をしています〉――東京都のドルチェさん（57）の投稿は、そんな言葉で始まっていました。夫と息子に孫までいるドルチェさん、恋のことはもちろん家族には秘めたままです。

〈門倉がたみを想《おも》うように、私の恋しい人が遠くから見守ってくれているようで、暖かいものに包まれた気がしました〉

ドキッとする投稿ですが、じつは、ヒロイン・たみについての感想は、皆さん、熱を帯びていました。〈私のような平凡な女でも、たみと似たような立場にいた日があったことを懐かしく思いだしました〉（福岡県・広瀬玲子さん・70）、〈門倉に思われているたみが、とにかくうらやましかった。私も夫以外の男に思われたい。いくつになっても「女」なのだ、私は……〉（長野県・大林みどりさん・47）といった具合に、仙吉の妻でありながら門倉に思いを寄せられるたみの姿に〈ひさしぶりに「恋心」という言葉を思いだしました〉（山口県・とんとんさん・51）という人が多かったようです。

ただ、どっちつかずの態度をとるたみに対しては、〈悪女だなあ〉（高知県・田村優子さん・40）、〈いやらしい〉（和歌山県・沙羅幸さん・28）、〈一番ずるかったのは、案外たみではないか〉（北海道・川岸むつみさん・51）と厳しい声も寄せられ、その裏返しで、門倉の妻・君子へのシンパシーあふれる投稿も目立ちました。

〈君子の広い心があればこその微妙な関係。たみはマドンナかもしれませんが、君子はマリアです〉（東京都・小澤靖さん・61）という賛美あり、〈なぜ門倉は妻に愛情が持てないのか。他人事《ひとごと》ながら悔しい〉（広島県・源氏物語さん・64）という同情あり、さらには〈私が君子なら、門倉を張り倒し、たみは平手打ちだ〉（神奈川県・宮崎千賀子さん・58）……。

それでも、作中の男女関係には、〈「こんなことなさそう、いや、あるかも、あったらいいな」という大人のメルヘン〉（宮城県・松浦弘子さん・66）としての一面もありそうです。

〈「ひょっとしたら」「もしもあの時」なんて、自分の人生のまっすぐ太い一本の道に、点線で分岐した道を書き込むような楽しみがある〉（福岡県・森脇朱美さん・55）

だからこそ、広島県の吉岡三枝子さん（63）は、〈門倉の「たった一度しか生きられないんだ。自分に正直に振る舞えばいいんだよ」という言葉が応援歌のように聞こえて、生きる元気をもらった〉のでしょう。

ところで、この章でご紹介した投稿は、一通を除いてすべて女性からのもの。実際、たみと君子についての投稿は圧倒的に女性のほうが多かったのです。〈たみは39歳。アラフォーの恋愛物語だったのか、と妙に納得した〉（広島県・悠遠の風さん・28）、〈向田邦子は40歳からの女の魅力こそを描きたかったのでは〉（奈良県・上田薫さん・30）――なるほど、投稿が「感想」を超えて熱を帯びていた理由も、そこにあるのかもしれません。

『あ・うん』【4】

恋や友情に昭和10年代の世相がにじむ

物語の中心にいるのは、門倉・仙吉・たみの3人ですが、じつは読者から最も好意的な声を寄せられたのは、仙吉とたみの娘・さと子でした。〈本当の気持ちを隠して生きる大人たちの中で、年頃の娘らしいさと子の視線がいきいきと輝いていました〉（埼玉県・森田裕子さん・33）、〈全身でぶつかっていくさと子の恋がさわやか〉（東京都・加藤さわさん・26）、〈真の主人公は、さと子なのでは？〉（宮城県・北山潔さん・49）……。

特に、戦地に赴《おもむ》く恋人・義彦と一夜を過ごすさと子をおとなたちが見送る場面を、〈物語のすべてでは、この夜帰らなかったさと子を許すための伏線だったように思える〉と読む宮城県の小林庄兵衛さん（36）に呼応するかのように、愛知県の立松孜さん（65）は——。

〈「その夜、さと子は帰らなかった」の一文に、作者の思いが凝縮されている。昭和12年ごろに明るく生きていた人々のその後を思うと、改めて「帰らなかった」が重くのしかかる〉

決して声高に戦争について語っているわけではなくても、群馬県の麻冷さん（55）は〈戦前のキナ臭い世相に漠とした不安を感じながらも、みんな恋をして、夫婦や親子の葛藤《かっとう》もあり、笑い、泣き、幸せを見つけて暮らしていたのだ、という切なさを味わいました〉、兵庫県の高木朝雄さん（61）は〈この小説は反戦ではない。しかし読み終わったあと、なぜ戦争などしたんだ、と思わせる〉。

また、賛否を呼んでいた仙吉と門倉の濃密すぎる関係も、戦争という重石《おもし》を置いてみることで読み方が変わりそうです。

〈軍隊生活を共にした男たちの結びつきは、戦後生まれには理解できないものでしょう〉（千葉県・金田敏江さん・86）、〈昭和10年代の世相を思い出しながら読んだ。あの頃は「あいつらは戦友やからな、がっちりしたもんや」という言葉もよく聞いた〉（三重県・川村緑さん・81）……という同時代を知る人に加えて、〈軍隊時代の門倉と仙吉についてはなにも語られていないので、篤《あつ》い友情の裏に隠された重いものを考えざるをえない〉（群馬県・綿貫紀雄さん・68）という声も。

ただ、一般庶民の生活はもっと厳しかったはずだ、という指摘もありました。その一人、千葉県のタカ子さん（72）は〈戦前を郷愁とともに回想するとき、「こういうお父さんやお母さん、知り合いのおじさんがいたらよかったな」というので、この小説が受けたのでは〉と言います。いわば、憧れの世界が描かれているということでしょうか。

もちろん、それは作品の価値を損なうものではなく、〈死んだ私の父は、友だちがいなかった〉という新潟県のころころねこさん（51）は、まさにその憧れを噛《か》みしめながら作品を読み進めたのです。

〈父は「戦争でみんな死んでしまった」と私に話していたが、そんな父にも、かつては門倉と仙吉のような友情を育んだ友だちがいたのかもしれない、と娘として願っている〉

『あ・うん』【5】

一番大事なことは人に言わないもの

古き良き昭和への郷愁あふれる向田作品。『あ・うん』も、もちろん例外ではありません。〈洗い張り、汗疹《あせも》、天花粉《てんかふん》、頭痛膏《こう》、蚊帳《かや》、昇汞水《しょうこうすい》……昭和と共に消えていった言葉たちが懐かしい〉という福岡県の杉野順子さん（57）をはじめ、当時を懐かしむ声が数多く寄せられたなか、89歳の上野菊江さん（千葉県）は、仙吉一家の暮らす家が〈勤め人の借家にしては広すぎる気がします。物語の進行上、必要な広さなのかなあ〉という疑問を。

確かに物語のほとんどの舞台は仙吉宅なのですが、〈必要な広さ〉には、もっと深い意味があるのかも……と、建築設計の仕事をしている内藤洋志さん（大阪府・39）の投稿を読んだあとは思わされます。

〈襖《ふすま》一枚で部屋が隔てられた旧来の日本家屋では「個室」がなく、家全体が一つの部屋

として日常生活の舞台となっている。だからこそ、人と人との距離感は壁を通り抜ける〉

なるほど、登場人物たちの微妙な距離感を描き出すには、やはり家にも奥行きや広さが必要なのかもしれません。〈仙吉と門倉、たみの関係の均衡を保っているのは、それぞれの「他人との距離」である〉と静岡県の武石園子さん（33）も言い、その距離があるからこそ、神奈川県のゆめみさん（37）の〈向田邦子さんは人間のグレーゾーンをあらわにする。純白や漆黒だけを求めてしまいがちな私に、グレーの多様さ、奥深さ、幅の広さを見せてくれる〉という読み方もできるのでしょう。

では、人の心における〈襖一枚〉にあたるものはなにか。〈曖昧《あいまい》な関係を全力で真剣に保とうとしているのが魅力〉（千葉県・雑賀伸治さん・41）、〈三者三様に関係を崩さぬよう理性を働かせるところに共感しました〉（千葉県・松田孝浩さん・38）、〈全員に適度な節度があるので心地よい〉〈鹿児島県・小田市成さん・53）、〈我慢とは違うなにか〉（兵庫県・はなえりさん・27）……と並べてみると、浮かび上がってくるものがありそうです。

一方で〈三角関係を壊さないように描くことに、向田さんはなぜそんなにムキになっているのか?〉(和歌山県・石橋玄さん・39)という声も少なくありませんでしたが、その問いに答えるかのように、18歳の宇佐実奈々さん(神奈川県)は〈「いままでつくりあげてきたものを壊してしまったら、いったいそこになにが残るのか」と問いかけられたような気がした〉と言い、岡山県の三宅万里子さん(50)も〈一番大事なことは口に出さない、「おもっている」という大人の精神的恋愛、とても素敵《すてき》だと思いました〉。

さらには、それは大人だけのものではないんだ、と大阪府の岩本佳奈さん(14)。〈中学生だってほんとうのことは隠して生きている。ただ隠し方が下手だったり、隠しきれなかったりするのである。そうやって大人になっていくのかな〉——佳奈さんの言葉は、70年以上の時を隔てて、さと子のひたむきな愛と響き合っているのです。

投稿数　1273通

夏目漱石

坊っちゃん

夏目漱石

Natsume Sôseki

1867（慶応3）年〜1916（大正5）年

本名は夏目金之助。江戸の牛込馬場下（現・東京都新宿区）に生まれた。東京帝大で正岡子規と出会い俳句を学ぶ。卒業後、松山中学などで教員を務めた経験は、後年『坊っちゃん』に描かれることとなった。1900年より英国に公費留学。帰国後、一高教授・東京帝大講師として英文学を講じながら、05年、功利的社会や知識人を風刺した『吾輩は猫である』を雑誌「ホトトギス」に発表。これが評判となり、作家として生きることを決意する。07年、教職を辞して朝日新聞社に入社。前期三部作と呼ばれる『三四郎』『それから』『門』を続けて発表した。生死の境をさまよった10年の「修善寺の大患」以降は「則天去私」の境地に達し、『彼岸過迄』『行人』『こゝろ』など人間の内面に迫る後期三部作を執筆した。

文庫で入手可能なもの
岩波文庫、新潮文庫、文春文庫、集英社文庫、角川文庫ほか

内容解説

1906（明治39）年に発表された中編小説。「親譲りの無鉄砲」で喧嘩っ早い江戸っ子の「おれ」を子どものころから、かばってくれたのは下女の清《きよ》ばかりだった。東京の物理学校卒業後、四国の中学校の数学教師として赴任した坊っちゃんを待ち受けていたのは、いやにもったいぶった校長の狸《たぬき》や、陰険な教頭の赤シャツ、腰ぎんちゃくの野だいこらの俗物教師、そして生意気な生徒たち。正論を吐く同僚教師の山嵐と意気投合するが、赤シャツと山嵐の抗争に巻き込まれ、一騒動に。軽快なテンポとユーモアで、漱石の作品中、もっとも愛読されている作品のひとつである。

『坊っちゃん』【1】

世代を超えて永遠の人気者だけど……

〈世に「痛快小説」というのがあるのなら、まさにこれでしょう。八方ふさがりの現代にこそ、皆が読んで元気になってほしい青春小説〉と御年79歳のヒデクさん（愛知県）が言えば、20歳の大学生・坂元敦子さん（東京都）も〈きっと誰でも坊っちゃんになりたいのだ。坊っちゃんは無鉄砲すぎるところもあるが、現代人にはない強さがある〉──おばあちゃんと孫娘の世代差を超えて、坊っちゃんはやっぱり人気者でした。

確かに、坊っちゃんの言動には、なにかと問題もあります。特に再読組の皆さんに辛口の声が目立っていました。たとえば、中学時代以来の再読で当時の痛快さから感想が微妙に変わったというお2人は──〈いやはやこんなに単細胞の坊っちゃんだったのか、というのが今回の読後感〉（宮城県・はむ子さん・66）、〈こんなバカ息子がいたらとんだ災難だな、と感じました〉（山口県・大崎玲子さん・51）。親世代だけでなく、23歳の坊っちゃんと同年代の北澤礼子さん（大阪府・22）も、ご自身の会社員生活を踏まえて〈坊っちゃんは、折れることを覚えたほうがいい。教師をやめて街鉄の技手になっても、うまくやっていけるのだろうか〉と案じています。

ただし、その辛口には、温かみのある苦笑いも交じっているようです。〈人生一直線。愛すべき勇み肌の坊っちゃん〉（埼玉県・藤村敏さん・58）への憧《あこが》れでしょうか。〈小さなことにもうじうじと悩み、世間のしがらみの中で生きている私にとって、職にもお金にもまったく執着のない坊っちゃんは、素晴らしい人に思えた。尊敬すべき真の自由人〉という鹿児島県の田辺智子さん（37）の投稿を読んで、誰かに似てるかも……と思っていたら、予想どおりありました、こんな声。

〈坊っちゃんは『男はつらいよ』の寅《とら》さんと並んで、憧れても決して真似《まね》のできない、永遠のヒーローなのだ〉（長野県・鷹崎中夫さん・53）

そういえば、この2人、言いたい放題の毒舌も似ています。だからこそ、〈坊っちゃんには田舎者を見下す性癖があり、田舎育ちの私はその点は承服しがたい〉（岩手県・佐藤みゆきさん・68）、〈地方に住んでいる者を田舎者と見下しているようで好きになれない〉（徳島県・一宮一郎さん・60）という声があり、また、〈坊っちゃんにけなされどおしの松山の人はどう感じているのか〉（愛知県・小樽さん・33）という疑問も出てくるのでしょう。松山市出身、在住の皆さんの声、僕もぜひうかがいたい。楽しみにお待ちしています。

しかし、『坊っちゃん』の「痛快」な魅力は、破天荒な明るさだけではありません。真の「痛快」とは「快くて、しかし胸がチクッと痛い」という味わい方なのかも、と教えてくれる投稿が数多く寄せられているのです。〈『坊っちゃん』は悲劇だったのか〉（東京都・石山明子さん・53）——今回の読書会は、どうやら、この言葉がキーワードになりそうです。

『坊っちゃん』【2】

「幼さ」へのもどかしさといとしさと

〈前から気になっていたので数えてみました〉と愛媛県の白岩チヅ子さん（75）が教えてくれました。『坊っちゃん』の作中に登場する「田舎」と「江戸」の回数――それぞれ31回と22回だったとか。

やはり「田舎」の頻度は相当なものですが、作品の舞台・松山のほうはおおらかにそれを受け容《い》れている様子です。

坊っちゃんが教壇に立ったとされる松山中学（現在の松山東高校）OBのオレンジライスさん（東京都・38）は〈英語のテストの出来が悪いと「『坊っちゃん』の頃からの伝統ぞなもし」と先生に言っていた覚えがあります〉、同じく松山市出身の鹿島規子さん（石川県・36）も〈お好み焼き屋のメニューは「赤シャツ」や「マドンナ」など登場人物の名前でした〉。さらに、松山在住7年になる坂本明恵さん（35）は、お遍路さんを迎える四国の「お接待」の伝統にからめて、こんな投稿を。

〈松山人は、たとえ田舎者とバカにされても、やはり坊っちゃんを愛しているのだと感じます。よそ者も温かく迎え入れる「お接待」の心が根付いているからではないでしょうか〉

そうなると、坊っちゃんの分が悪くなってしまう。じつは坊っちゃんのアイデンティティーたる「江戸っ子」に対しても、辛口の声があるのです。

〈坊っちゃんは短絡的で、衝動的で、偏見が激しく、視野が狭く、それでいて自信家で、了見の狭い、ただの自己中心な人間です。今でこそ神奈川在住ですが、何代も続いた江戸っ子の私からすると、あれで江戸っ子だと名乗られるのは大変遺憾です〉（直さん・48）

いやはや厳しい。しかし、〈「もう少し対人関係を考えてから行動すれば？」と忠告したい〉（神奈川県・やっぱ栗山さん・49）、〈坊っちゃんは正しいけど間違っている〉（新潟県・島田新さん・43）、〈あの行動では何も変わらない。自己満足の意趣返しのみ〉（山口県・中田文恵さん・62）……という声に共通するのは、坊っちゃんの幼さへのもどかしい思いなのかもしれません。
そして、その幼さの象徴が、題名の「坊っちゃん」。
〈漱石の時代に「坊っちゃん」に「世間知らず」の意味があったのかどうかはわからないが、やはり立場の甘さ、抱えているものの軽さを感じる〉（群馬県・齋藤友由樹さん・40）
〈まだ世間知らずで無鉄砲でもやっていけた時代の話だから、あの題名なのだと思う〉（千葉県・つんでれらさん・19）
その一方で、〈「坊っちゃん」という題名は、世間知らずの甘さを込めたものではなく、正義感のある純粋さを尊いものととらえているためだと信じる〉という愛知県の半住人さん（61）の声もまた、坊っちゃんのことが好きで好きでたまらない清の思いを代弁しているかのように胸に響くのです。
冒頭にご紹介した白岩さんの投稿には、「清」の登場回数も出ていました。その数、じつに90回――次章は、そんな坊っちゃんと清の関係について。

『坊っちゃん』【3】

ひたすら見守る無償の愛にほろり……

坊っちゃんは自らを「無鉄砲」と評しています。でも、ほんとうにそうなのかな、と東京都の宮地真美子さん（76）。

〈坊っちゃんはもっと陰のある複雑な心を持っている。なにごとにも反抗という形でしか対処できない寂しい人間なのではないだろうか〉

確かに、坊っちゃんが松山に旅立つ前に語る武勇伝は、家族との軋轢《あつれき》ゆえのものばかりでした。〈無鉄砲さは、孤独の裏返し〉（千葉県・高橋銑十郎さん・72）で、〈心の中を覗《のぞ》いてみれば、家族に愛されなかった寂しさがいっぱいのはず〉（大阪府・サッチーさん・60）です。

しかし、坊っちゃんには清がいます。福岡県の近藤良枝さん（60）の言うとおり、〈無鉄砲でどうしようもない坊っちゃんでも、温かく優しく包んでくれる人〉がいるのです。

〈世界にただ一人だけでも自分を丸ごと認め、愛してくれる人がいれば、人間は生きていける〉（千葉県・前川みよしさん・47）、〈自分を受け止めてくれる人の存在は大きい〉（東京都・橋本祐子さん・40）、〈たった一人にでもこれほど愛されて育ったなら、こんなにまっすぐな人間になれるのでしょうね〉（東京都・十二照美さん・48）……もう、皆さん、大絶賛！　本稿の執筆時点で700通を超える投稿が届いていますが、清の坊っちゃんへの思いを批判するものはただの1通もありません。

だからこそ、大阪府の石田誠さん（60）は〈この小説は坊っちゃんから清への長い手紙だと思った〉と受け止めています。〈坊っちゃんは清が生きている間はなにも話さなかったが、清が死んで、最も大切な思いを伝えていないことに気づき、語りはじめたのである〉

それも、締めくくりで「清の事を話すのを忘れていた」と、とってつけたように後日譚《たん》を語るわけです。〈その照れ屋で意地っぱりな語り口にやられてしまう〉（埼玉県・木村幸代さん・37）、〈一番大事な人をそっけなく書くのが江戸っ子の美学でしょうか〉（奈良県・奥山晃さん・47）――見透かされてるなあ、坊っちゃん。
しかし、〈一人の孤独な若者が、ようやく帰る場所を見つけた物語〉と静岡県の萩原永子さん（33）が言い、〈「坊っちゃん」と呼ぶ人がいなくなったら、坊っちゃんは坊っちゃんでなくなる。だから、この小説は清の死で終わるのだろう〉と埼玉県の坂本美和さん（36）が言うラストシーン。清を亡くした坊っちゃんには再び孤独の影が落ちているように見えます。
〈小説の結びは、坊っちゃんが東京の片隅にぽつんと一人で立っているようで、もの寂しく感じます〉（千葉県・道後温泉さん・49）
〈『坊っちゃん』の物語に続きがあったとしても、この作品ほど明るいものにはならないのではないか〉（岐阜県・苅谷桃子さん・24）
そう思った瞬間、僕たちも清の代わりになって、坊っちゃんを〈ちょっとせつなく〉見守っているのかもしれません。

『坊っちゃん』【4】

坊っちゃんは組織や権力に負けたのか

最初の勤務先を1年半で退職した薬剤師のC子さん（長崎県・38）は、坊っちゃんがもっと短い約1カ月で松山を去ったことを知って、うれしかったのだとか。〈坊っちゃんの世渡り下手に安心する。悪態をついても肝心な時には弁舌が立たないところに親近感がある〉――その親近感ゆえか、投稿の言葉も皆さんじつに伸びやかでした。〈最後に一矢《いっし》報いるが、「それでいいのか？　坊っちゃん」と言いたい〉（香川県・冨田浩司さん・33）、〈真剣なのに空回りばかり。ガクッとしながらも「負けるな！」と応援している〉（千葉県・水野葉子さん・19）、〈そんなことバカ正直に言うかよ、とハラハラしながら笑ってしまう〉（埼玉県・平林みどりさん・38）、〈坊っちゃん、がんばれ。年をとってもそのまま行けよ〉（宮崎県・赤池仁志さん・58）……。

愛されてます、坊っちゃん。と同時に、特に社会の人間関係の厳しさを知る人にとっては、憧れの存在でもあるようです。

ご自身のサラリーマン生活を〈ごまかしと言い訳だけ〉と苦く回顧する福岡県の松尾三郎さん(73)は、〈坊っちゃんは組織人としては失格〉としながらも、〈私はこの軽率な坊っちゃんが好きだ〉。また、社会人2年目の大宮さん(埼玉県・24)は、〈上司からの理不尽な指示に粛々《しゅくしゅく》と従う日々を送る私は、坊っちゃんにはなれない〉からこそ、うらなりのことを〈彼は幸せになれたのだろうか〉と気づかうのです。

坊っちゃんは組織や権力の前では無力でした。勝ち負けで言うなら、坊っちゃんは、やはり負けたのでしょう。

しかし、と愛知県の古谷延男さん(77)。

〈坊っちゃんは失敗するが、読者は損得を計算せずに行動する坊っちゃんに拍手を送る。坊っちゃんのやり方では世の中は渡っていけないが、読者は純粋な心に共鳴する〉

その拍手と共鳴は、うんと若い世代からも――。

〈私は勇気がなくて人の意見に合わせたり、思っていることが言えなかったりしていいます。だから、不器用でも自分の思ったことをはっきり言う坊っちゃんが好きです〉(新

潟県・熊木葉子さん・15〉
〈いま、近くに坊っちゃんがいたら、私のヒーローだったと思う〉（神奈川県・眞岩紘子さん・12）

そんな坊っちゃんにぜひ読んでほしいのが、〈大正生まれの夫や私にとって、『坊っちゃん』は懐かしい故郷のような世界〉と言う梅田澄子さん（愛知県・84）の投稿でした。〈92歳で亡くなった夫が、最後の入院で『坊っちゃん』を読みたいと言い出し、もうハードカバーを持つ力はなかったので、文庫本を持って行った。夫は『坊っちゃん』を読み終わったあとはもうなにも読まず、2週間後に静かに逝った〉

口を「へ」の字に曲げ、腕組みをして、そっぽを向いてハナをすする坊っちゃんの姿が、僕には浮かんでくるのですが……皆さんはいかがでしょう。

投稿数　1201通

俘虜記

大岡昇平

大岡昇平

Ôoka Shôhei

1909（明治42）年〜1988（昭和63）年

東京生まれ。京都帝大仏文科卒。帝国酸素、川崎重工業に勤めながら、スタンダールほかの翻訳を手がけた。44年応召後、フィリピンのミンドロ島に赴いた。翌45年1月米軍の捕虜となり、レイテ収容所に送られる。その従軍体験を『俘虜記《ふりょき》』として書き、第1回横光利一賞を受賞。戦争の暴力を説明や描写を抑えた文体で描いて、文学界の注目を集めた。戦後は50年に日本の『ボヴァリー夫人』とも言われる『武蔵野夫人』、51年にはフィリピンの原野を敗走する極限状況での兵士を主人公とする『野火』を発表し、同作品で読売文学賞を受賞した。その後、67年から69年には戦争体験のより総合的な視点から『レイテ戦記』を発表、また社会問題への関心は裁判へとつながり77年に『事件』を刊行した。中原中也や富永太郎についての評論もある。

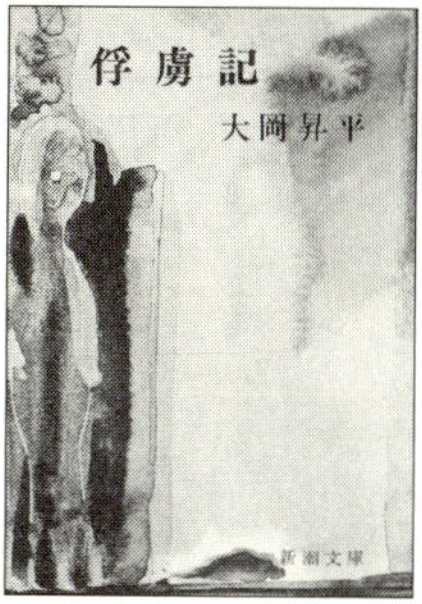

文庫で入手可能なもの
新潮文庫

内容解説

短編「俘虜記」は1948（昭和23）年発表、以後各章が書き継がれ、合本『俘虜記』は52年に刊行された。第2次大戦中にフィリピンで米軍の捕虜となり、復員するまでの約1年間の体験を記録する連作小説。48年発表の冒頭の章では、隊伍をはぐれて逃走中に眼前に現れた米兵をなぜ撃たなかったかについて緻密に考察して、生死の極限に置かれた人間のありかたという重い課題をテーマとし、著者の文学的出発点となった。収容所生活を描いた後半では、自由も未来も奪われた人間同士のつくる社会、エゴのぶつかり合いを、米軍占領下の日本社会の縮図として描き出す。

『俘虜記』【1】

戦争ものは避けたい気分?

重い作品です。本も分厚く、なによりテーマが戦争。〈戦争物は子ども向けの本を小中学生の頃に読んだぐらいで、『俘虜記』も文学史で知っていただけ〉(大阪府・佐藤美穂さん・45)、〈『俘虜記』は我が家の書架に中学生の頃からあったが、戦場の残酷な情景が描かれていると思い込んで、読む気がしなかった〉(大阪府・近藤高代さん・71)、〈教科書で『俘虜記』の名前は知っていたが、戦争ものは暗いし怖いし、避けて通りたい気分だった〉(北海道・佐藤八穂子さん・58)……と、手に取るかどうかに最初のハードルがありそうです。

ただ、そのハードルを越えたら先入観とはまったく違う風景が広がっていた、という投稿もたくさん寄せられました。〈『俘虜記』のことは発表された頃から知っていたが、ずっと避けていた〉という神奈川県の矢吹百合子さん(73)も、読書会のために読んでみると〈想像していた内容とあまりにかけ離れていて、吸い込まれるように読んだ〉。また、32歳の松本千寿さん（神奈川県）は〈戦地に行ったことのない私には想像することが難しかった。なにがなんだかわからない〉と率直な感想を書きつつ、〈わからないから、知らなければいけないのだと思う〉とつづけるのです。

全体として、やはり〈戦争のない平和な世界になるよう、願うばかりです〉（山口県・市延美由紀さん・67）という感想が最も多く集まっていますが、戦争の愚かしさや平和の尊さも含めて〈生きるという根本的なことについても考えさせられました〉（群馬県・木暮久子さん・65）と、より大きな主題もひそんでいそうです。

また、『俘虜記』を通じて、戦地へ赴《おもむ》いた父親や兄弟のことを思った、というひとも。〈亡き兄もシベリアに抑留されていたが、抑留中の体験は語ろうとしなかった〉（東京都・松原達雄さん・75）、〈インドシナ半島に出征した父は、戦争のことを話そうとしなかった。だが高校生の時に、古いアルバムに機関銃を持って構えている写真が1枚あるのを見つけた。それは、まさに同じ人間同士が殺すか殺されるかの視線だった〉（兵庫県・服部康広さん・59）、〈母は、父が昭和21年に中国から引き揚げてきたあと「昔と性格が変わった」と嘆いていました。『俘虜記』を読んで、こういう体験をしたら性格も変わってしまうだろうな、と思いました〉（神奈川県・池田加代子さん・70）……。

もちろん、家族にも、それぞれの――「苦労」という言葉で安易にまとめてしまってはならない苦しみがあったはずです。

〈大岡氏にこの『俘虜記』があるように、国民の一人一人に悲しい物語があったのだ〉（長崎県・石川義子さん・62）

だからこそ、それを家族から聞くことすら難しくなっている若い世代の感想を知りたい。そして、戦争を知っている世代の投稿を若いひとたちにぜひ読んでもらいたいな、と願っています。

『俘虜記』【2】

なぜ米兵を撃たなかったか

『俘虜記』前半の白眉《はくび》、米兵を撃たなかった場面について、まずは対照的な二つの投稿からご紹介します。

〈ガダルカナル島に出征した知人は、敵陣地近くまで偵察に行って、散策中の米兵と出くわした。双方びっくりしたまま後ずさりして、藪《やぶ》の中に消えたそうだ〉（兵庫県・境田正義さん・79）――その話を受けるかのように、茨城県の猪狩直子さん（49）は、『俘虜記』の「私」の決断を〈人を殺すという最も嫌なことはしたくないという人間の本能からだと思う〉。

一方、東京都の藤田昭夫さん（63）の投稿は、こうです。

〈高校時代の先生が、戦場の密林で一人の米兵と遭遇したことを話してくれました。米兵は親しげに歩み寄ってきたものの、先生は発砲して、米兵は倒れたそうです〉――

親戚《しんせき》に戦死者がいる兵庫県の吉田恵三郎さん（76）も、〈俺《おれ》なら撃った〉と言い切ります。〈その場にいたら、「敵は撃つべきもの」「撃たないと撃たれる」と思うだろうからだ〉

やはり難しい。結論は出せない。だからこそ、作中の「私」は、自分がなぜ撃たなかったかを考え抜こうとするのですが、それに対しては厳しい声も寄せられました。〈どうしてこんなにこだわるのか、何度読み返してもわからない〉（栃木県・浅田芳子さん・67）、〈あとからくどくどと自分を正当化しているのが、理屈っぽくてかなわない〉（埼玉県・筒井敦子さん・52）、〈きれいごとを述べているだけに思えた〉（大分県・後藤孝一郎さん・42）……なにより、〈作品に描かれた世界と現在とでは、違いがありすぎる〉ので、「私」を自分に引きつけることが難しかった、と岩手県の宮川剛悟さん（64）。確かに、45歳の高橋英之さん（東京都）が作品の感想のあとに〈街角で傷痍《しょうい》兵を見かけたことがあるのは僕らの世代が最後かもしれません〉と付け加えたように、いまは戦争の残した傷痕《きずあと》を肌で感じることすら難しくなってしまった時代です。

それを踏まえて、再び対照的な二つの投稿をご紹介します。

〈平和の世を満喫している孫息子に「どうする？」と尋ねたら、「俺は撃たずにどこまでも逃げる」と答えた〉（福岡県・倉掛聖子さん・75）

〈小学生時代、大好きだった祖父に、なんの悪気もなく「おじいちゃんって戦争で人を殺したことある？」と聞いたことがあります。祖父は、とても寂しそうな顔をして黙ってしまいました〉（福岡県・和泉津夕子さん・35）

「体験していない」からこその屈託のない明るさと、「体験してしまった」がゆえの重い沈黙——その間を少しでも埋めるために、「知ること」はあるのかもしれません。そしてもちろん、『俘虜記』をはじめ戦争を描いた数々の小説も。

〈読書中、小1の娘に戦争のことを聞かれたが、なにも答えられなかった〉と苦い思いを打ち明けてくれた39歳の藤澤則子さん（東京都）、『俘虜記』の読了後はいかがでしたか？

『俘虜記』【3】

読む前と読んだあと、印象どう違う

連作の形で書き継がれた『俘虜記』は、米軍に捕まるまでの前半と収容所での生活を描いた後半で、趣をガラリと変えています。それを辛口に評すれば〈後半では緊迫感がすっかりなくなり、「堕落」の記録になっている〉（大阪府・奥村善宣さん・58）となるのでしょうか。ただ、その評価の背景には〈読む前は「悲惨な俘虜生活を描いたルポルタージュ作品だろう」と思っていたが違った〉（東京都・石川廣司さん・62）、〈あまりに意外な内容に驚いてしまった〉（東京都・大津留尚代さん・66）という先入観とのギャップもあるようです。

また年配の読者からは、戦争を体験した実感として、俘虜の生活に複雑な思いを抱いた、という声も多く寄せられました。

〈この時期、沖縄では市民が戦争に巻き込まれ、多くの人が死んでいった。内地でも空襲で都市は焼け野原となり、多くの市民が死んだ。そんな時、南方で死線をくぐったとはいえ、捕虜となった兵隊が、それなりに自由の中で、食料も十分に与えられ、労働に対して俸給までもらっていたとは……〉（大阪府・鈴木文雄さん・73）
〈「米軍は俘虜を人間として扱った」と書かれているが、それではあの原爆で殺された日本人は何だったのだろう〉（福岡県・広瀬玲子さん・70）
〈若い世代には『俘虜記』を戦争の実態ととらえずに、これを機に、もっと悲惨な戦記も読んでほしい〉（滋賀県・佐久間秀さん・82）
その反発は大岡昇平自身、覚悟の上だったのかもしれません。それでも書いた。書かずにはいられなかった。だからこそ千葉県の倉田泰子さん（75）は〈反感を持たれることは予測できるのに、あえて事実を書いた作者に敬意を抱く〉と言い、〈自分ならこんな手記は発表しない〉と書いてくれた埼玉県の秋山とよこさん（36）も、それは〈他人から非難されたくないという自分の小心さからのものだった〉と認めるのです。
それにしても、ここで描かれた俘虜たちの言動は、きわめて俗っぽい。〈他人が自分より良い目を見ることは我慢できず、既得権益は決して手放そうとしない〉（千葉県・

金子紀子さん・52）、〈どこにいても人間は「下見て暮らす」「我は誰の上で、誰の下か」意識が捨てられないのだなぁ〉（広島県・小山和子さん・55）……。そんな徹底してリアルな描写があってこそ、東京都の小山晴義さん（45）は〈戦争とは、兵である前に一人の人間であることを許さない状態なのだと再認識しました〉、香川県の冨田浩司さん（33）も〈無個性な印象の軍隊にも一人ひとりの「個」が存在するんだという、あたりまえのことに気づかされた〉。

そんな俘虜たちも、やがて終戦を迎えます。〈生還した彼らは、その後自分とどう向き合ったのでしょうか。自己正当化したのか、それとも沈黙したのか〉（群馬県・綿貫綾子さん・62）――大岡昇平はまっすぐに向き合い、何年もかけて『俘虜記』を書き綴《つづ》ったのでした。

戦争体験の有無と交差する思い

23歳の古賀啓子さん（千葉県）が〈戦争を知らない私が『俘虜記』の感想を書くことは、無責任のような気がしてひどく難しい〉と率直に打ち明ければ、25歳の鈴木寛子さん（埼玉県）も〈自分で見てもいないものについて不確かな憶測を発したくないので、戦争については口をつぐんでしまいます〉。その一方で、81歳の大伏幸子さん（香川県）は投稿の冒頭で〈感想文は書く気がしません〉と作品からあえて離れ、ご自身の生きてきた戦時下の生活を切々と綴っています。戦争を知る世代と知らない世代、それぞれの思いの交差するところに、大岡昇平が『俘虜記』を書いた理由があるのかもしれません。

〈著者が九死に一生を得て、これほど細部にわたり人間観察ができたのは、まさになにかによって生かされ、悲惨な戦争を後世に伝える役目を与えられたから、としか思えな

い〉（千葉県・藤林真弓さん・52）
　収容所の人々を見つめるまなざしは、どこまでも冷静で理知的――それは大岡昇平が自らを見つめるときも同様です。
〈自分自身をも含めて、仮面を脱いだ人間を悪意を持って見ているように思えた。作者自身にとってもつらかったはずなのに〉（福島県・仲野淳子さん・46）、〈この物語の底には嫌悪感が流れている。不条理な死に対して。堕落に対して。嫌悪しつつもそれらに染まっていく自分自身に対して〉（広島県・桑田匠さん・38）……だからこそ、作品の主題を「戦争の体験」を芯《しん》にした「人間」という大きなスケールでとらえる投稿も、数多く寄せられました。
　81歳の萬濃その子さん（千葉県）の〈これは戦地での一場面を借りた人生論、さらに言えば哲学書である〉という感想と共鳴するように、58歳の若山哲郎さん（京都府）も〈人間とはなにか、の哲学書〉、45歳の松本牧子さん（東京都）も〈大岡氏が描いているのは、戦争によって表出した人間の根源的な弱さや醜さ〉、さらに若い26歳の田嶋文海也さん（千葉県）は〈苦しみや悲しみと同時に滑稽《こっけい》さも感じるのが不思議〉と首をかしげつつ、〈人間そのものを著者のようにじっくり見つめると、やはり不思議でとらえどころのない存在なのかもしれない〉とまとめています。

しかし、もちろん、現実としての戦争の重さは、観念論で、ましてや時代の流れで消えてしまうわけではありません。

〈町の図書館には置いていなかった『俘虜記』が、87歳の父の書架にありました〉（埼玉県・高野亭さん・55）という戦後64年目の夏、愛知県のねこさん（59）が書き送ってくれた亡きお父さんの思い出を、最後にご紹介します。

〈戦争中アメリカの俘虜になっていた父の語る戦争の話は、悲壮なものではなく、現地の生活や面白い出来事がほとんどでしたが、中学生の時に日記帳の1ページ目にメッセージを書いてもらったことがあります〉

戦争を体験した父から戦後生まれの娘へのメッセージは、「平和」の一言だったそうです。

投稿数　1091通

幸田文

おとうと

幸田文

Kôda Aya

1904（明治37）年〜1990（平成2）年

作家・幸田露伴の次女として、東京の向島に生まれた。女子学院卒業後、24歳で清酒問屋に嫁ぐが、38年に離婚。娘（のちの作家・青木玉）を連れて父のもとに戻る。47年に露伴が没すると、周囲の求めに応じて父の最後を描いた随筆「雑記」「終焉」などを発表、注目を浴びる。49年刊行の『父—その死—』や56年刊行『ちぎれ雲』にも、露伴との思い出や下町の風情が、江戸っ子らしい歯切れのよい文章で綴られている。一時、断筆を宣言。柳橋の芸者置屋に住み込みで働き、その経験をもとに初の長編小説『流れる』を56年に刊行。色街の世相と人情を描いた同作で日本芸術院賞と新潮社文学賞を受賞し、作家としての地位を確立した。主な刊行作品に、55年『黒い裾』、57年『おとうと』、73年『闘』などがある。

文庫で入手可能なもの
新潮文庫

内容解説

1957(昭和32)年に刊行された長編小説。高名な作家を父に持つげんと碧郎《へきろう》は三つ違いのきょうだいである。病弱で癇症な継母は子どもたちに冷淡で、夫婦仲も悪く、家内は常に暗鬱な空気が漂っている。継母に代わり、げんは碧郎をいたわり面倒をみるが、傷つきやすい心を持つ碧郎は不良仲間にくわわり、生活が荒れてゆく。学校を放り出して遊びまわる弟に、家族の中の不協和音は増す。碧郎19歳の夏、結核の診断がくだった。力を落とす弟を、げんは感染の危険も恐れず献身的に看病をし、その死を看取る。自らの体験をもとに書き上げた姉と弟の愛情の記録。

『おとうと』【1】

すれ違う思い、家族ってなんだろう

複雑な家庭のもと、さまざまな思いのすれ違いから放埒《ほうらつ》な生活を送ったあげく、結核に冒されてしまった弟の碧郎《へきろう》と、彼にどこまでも献身的な愛を注ぎ、最愛の弟の死を看《み》取《と》る3歳上の姉・げん――。

〈なんと寂しい、悲しい姉弟の物語なのだろう〉と千葉県の金澤時生さん（77）が嘆息すれば、神奈川県の松本千寿さん（32）も〈読んでいて悲しくなった〉。実際、本章執筆の時点ですでに310通を超えた投稿もほとんどが寂しさや悲しさを基調としたもので、福岡県の井村智子さん（61）の〈どうしてこんなことになってしまったのか。悲しい結末から時間を巻き戻して冒頭に戻りたい〉という声にうなずく人もきっと少なくないはずです。

もちろん、本作は決してお涙頂戴《ちょうだい》だけの物語ではありません。〈げんと碧郎の両方に共感し、電車の中で本を読み進められなくなってしまった〉(愛知県・小樽さん・33)という姉弟愛があってこその寂しさや悲しさ、そしてやりきれなさも読者の胸に残っているようです。

高名な作家の父と継母の夫婦仲は冷えていて、子どもとの意思の疎通もうまくいっていない。そんな家庭に悲劇の原因のすべてがあるのでは、と指摘する声が目立ちます。〈家族なんだから、もう少し気持ちをストレートに出し合えば、と歯がゆい〉（愛知県・角葉子さん・60）、〈みんなが思うことを素直に言葉にしていれば、弟は死なずにすんだのに〉（宮城県・おらんうーたんさん・44）、〈碧郎は家族につぶされた。不幸の極みだ〉（埼玉県・橋本実郎さん・53）……。そう考えると、〈登場人物たちの性格が好きになれないので、読み進むうちに嫌になってくる〉（千葉県・美濃律子さん・55）といった辛口の感想も、ここに描かれた家族像への拒否反応だと受け取ることもできそうです。

その寂しい家族のありようにリアリティーを感じる、という声もありました。〈私の両親も不仲だったので碧郎とげんの気持ちがよくわかる。寂しく空《むな》しくつまらない家庭というものは確かにあるのだ〉と山口県の古田一美さん（60）が姉弟の孤独感に寄り添う一方、福岡県に単身赴任中という長野聡さん（46）は〈家族に対して自分はどういうことができるか〉と父親の立場から自問するのです。

もっとも、さらに若い世代には、また別の感じ方も。

〈げんの愛を感じることで、碧郎には「幸せな家族」はもはや不要になって、安らかに死を迎えたのだろう〉（愛知県・豊田素子さん・25）

〈気詰まりな食事の場面が印象的。でも、どんな仲良し家族でも、こういう「ちょっと疲れる」時があるのでは？　場の空気を読みつつごはんを食べるげんに、わかるよー、とうなずいてしまいます〉（埼玉県・トモコさん・21）

昔もいまも「家族」は難しい。それは「愛」の難しさでもあります。親子の愛、姉弟の愛を軸に、『おとうと』をさらに読み進めていきましょうか。

『おとうと』【2】

親であることはかくも難しく

　題名からも察せられるとおり本作は姉弟の物語。主役と脇役との間には、おのずと濃淡の差は出てきてしまいます。

　それにしても……と、大阪府の筒井重夫さん（75）。

〈両親の存在がいかにも希薄で淡泊すぎる。両親の無関心さは、げんと碧郎の哀切な結びつきを際立たせる役割を与えられているように思われる〉

　同様な声は、〈父親が子どもに甘すぎる〉（埼玉県・茂田力さん・62）、〈母たる者、子どものことに関心持てよ！〉（千葉県・中元恵美さん・54）と多数寄せられました。なるほど確かに、放任主義の父親や血のつながりのなさを意識しすぎる継母の姿は、碧郎の孤独やげんの献身に比べて分が悪い。

　とはいえ、そんな両親も決して単純な憎まれ役ではないのかもしれません。親であることの難しさを2人の姿に見る投稿も少なくなかったのです。
たとえば父親について——。
〈子どもに対して言いたいことや、してやりたいことは数多かったはずなのに、それを明治人らしい精神でじっと堪えている姿が伝わり、胸を打つ〉（神奈川県・小澤篤史さん・29）
〈父親が子どもへの愛情を表現するのは、いつの時代も下手なのだと思った〉（兵庫県・大石浩子さん・64）
継母に対しては、さらに温かい（だからこそ、せつない）まなざしが注がれています。
〈継母は気の毒な立場に立たされていないか〉と問う東京都の宮地真美子さん（76）は継母を〈柔軟性の足りない善人〉と呼び、同じく東京都の有紀子さん（42）は〈子どもとの距離の取り方が不器用な継母に親近感が湧《わ》きました〉、鹿児島県の田辺智子さん（38）は〈自室にこもって祈るだけで、祈りを行動に表せない継母は、子育てに反省するばかりの私の姿でもある〉。
だからこそ、秋田県の三浦美希さん（52）は、本作を〈姉弟の物語というより、家族の物語といってもおかしくない〉と見て、こうつづけるのです。

〈一人一人の心の持ちようが「わかるわかる」と納得できてしまう。しかしなぜか、家族4人は微妙にズレていて、そのズレ具合も納得できてしまう〉

一方、げんや碧郎に近い23歳の大学生、金子祥さん（千葉県）は、〈家族の中のひずみのしわ寄せが、最も弱い「おとうと」にいっているのではないか〉と言い、それぞれが悪いわけではないのに陥ってしまう悲劇を〈その漠然とした責任の所在の曖昧《あいまい》さが、家族というもののつらさであるように思う〉とまとめてくれました。

同じ千葉県の久保田里美さん（44）も、金子さんの投稿を受けるかのように、碧郎の闘病の日々と死をこんなふうに読み取っています。

〈皆お互い少しずつ行き合わないだけなのだ。その行き違いを直そうと、碧郎は命を捧《ささ》げてしまったのだろうか。げんを一人置いてきぼりにして〉

次章は、その碧郎の死と、あまりにも献身的なげんの愛について。げんは家族の犠牲者だったのでしょうか——。

『おとうと』【3】

姉はなぜこんなに弟に尽くしたのか

〈なぜタイトルが『弟』ではなく『おとうと』だったのでしょう〉と福岡県の萩原美鈴さん（38）が疑問を寄せると、まるでその問いが聞こえていたかのような投稿が2通、奇《く》しくもともに愛知県から届きました。

〈読了後に『おとうと』の文字を見ると、無限の哀《かな》しみと愛情が感じられて、ちょっと震えました〉（いよ子さん・28）

〈平仮名のタイトルから、弟は大きくなっても姉にとっては変わらずかわいい存在で、心配の対象であったのだと察せられる〉（西山香奈さん・34）

碧郎に対するげんの献身的な愛は、物語の冒頭で描かれる川のように、全編を貫いて滔々《とうとう》と流れつづけます。しかし、その流れは、時に読み手の胸を締めつけるほどに切なく痛々しいものでもあります。

〈思わず「がんばりすぎだよ、お姉ちゃん」と声をかけてしまった〉（新潟県・島田新さん・44）、〈げんを思いきり抱きしめてあげたい〉（千葉県・若林みつ子さん・74）、〈げんがあまりにもかわいそう〉（山口県・中山幸子さん・63）と憤《いきどお》り交じりの悲しみを訴える声が数多い中、山形県の小関トシ子さん（71）はさらにストレートに〈げんの青春は？〉と問いかけるのですが、その一方で〈家族や弟への思いやりが、げんの青春ではないか。なにも心躍ることや異性を愛するだけが青春ではない、と言っているような気がする〉（宮城県・金子あづまさん・67）と肯定的にとらえる声も少なくないところが、読書会の面白さ、そして家族の愛の奥深さなのかもしれません。

では、なぜ、こんなにもげんは碧郎に尽くしたのか――。

〈げんは寂しくて、悲しくて、その気持ちを埋めるために碧郎に強い愛情を感じたのだと思います〉という神奈川県の宮崎千賀子さん（58）と、〈弟に寄り添うことで姉自身が強く生きられた〉という埼玉県の石井賢司さん（48）の声は、京都府の高井睦さん（27）が寄せてくれた、こんな感想とも響き合うものかもしれません。

〈げんの献身に最初は違和感を覚えたが、読み進めるうちに、自分も小学生の頃は姉として下の子を助ける使命感に燃えたものだったと思いだした。自分のことをほっぽりだしてでも碧郎への気持ちに突き動かされるのも、もっともだ。そう思わせる血の濃さのようなものが、キョウダイには確かにある〉

じつは、投稿の中にはご自身のきょうだいとの関係やエピソードを綴《つづ》ったものもたくさんありました。と同時に、男ばかり3人兄弟の佐竹孝夫さん（京都府・61）のように〈げんのようなねえさんがいたら、いっぱい甘えたい〉という声も……。

そんな1人、東京都の松原達雄さん（75）は、〈私の姉欲しさの気持ちが、げんへの慕情となったのでしょうか〉と認めつつ、断固としてタイトルに異を唱えるのです。〈私が納得できる書名とは『ねえさん』以外にありません〉

思わずうなずく男性諸氏、多いのでは？

『おとうと』【4】

読み手の人生に重なり合う作品世界

読書会も6冊目ともなれば、それぞれの作品の読まれ方の「個性」も見えてきます。『おとうと』で特に目立ったのは、幸田文の文章を絶賛する声。〈磨き上げられた「言葉」の珠玉〉（神奈川県・奥原百合子さん・67）、〈波が繰り返し打ち寄せるようにさまざまな角度から心理描写や説明を重ねている〉（広島県・柴原布早子さん・56）、〈冷たい金属が光るような描写〉（大阪府・二宮宏智さん・43）……そんな〈読者の心に残る言葉をよく知っている〉（兵庫県・久里子さん・43）筆力があってこそ、一つひとつの場面や言葉が読み手の胸に深く刻まれるのでしょう。

〈碧郎がげんに「島田髷《まげ》を結って」という場面で涙が止まらなくなった〉（神奈川県・町田香子さん・53）

〈病院の待合室で読んでいたら、碧郎がげんに鍋焼きうどんを勧める場面で人目もはば

からず泣いてしまった〉（三重県・高芝美代子さん・55）
〈医学生の私にとっては、碧郎に対する病院の人々の言葉や姿勢に学ぶところが多かった〉（沖縄県・ハナコさん・31）

その他、土手を歩く場面や、げんと碧郎がリボンをつなげてお互いの手首を結ぶくだりなど、ほんとうに数多くのひとが心に残る名場面をあげて感動を伝えてくれました。

さらに、その感動は作品世界を超えて読み手自身の人生とも重なり合うようです。

〈十数年前、中学生だった娘が「非行」少女に変身してしまった時、何度も何度も読み返した忘れられない作品です。げんは、無条件に信じ愛することの強さを教えてくれました〉と振り返る東京都の春野すみれさんも、〈私も自分の育った家庭ではくつろげませんでした。もっと早くこの作品を読んでいたら、ずいぶん気持ちが救われたんじゃないかな、と思います〉と言う兵庫県のふうらんさんも、同じ50歳代。母の立場から、娘の立場から、光の角度が変われば輝きの色合いも変わります。現役の娘世代、16歳ののじゅんさん（兵庫県）が打ち明ける〈昔の家族の濃いつながりが、うらやましいような面倒くさいようなしんどいような憧《あこが》れるような……〉という困惑気味の乱反射もまた、思春期のいまだからこそそのかけがえのない輝きを持っているはずです。

〈人は常に間違いを犯す。後悔する。それをただそうと必死になる。どうにもならない時もある。それらすべてが人間の生きざまだ、と幸田文は言っているようだ〉（大阪府・上田啓二さん・60）――それに付け加えるなら、祈ることや信じることも人間に与えられた美しい（そしてせつない）力でしょう。

〈碧郎の死は、のこされた家族に絆《きずな》という大切なものを残したと思います〉という熊本県の高田彰子さん（34）の言葉を引き取るように、東京都のりりさゆママ（39）は〈孤独だった継母も最後の最後に「継」の文字をはずせたのだ、と信じたい〉と書いて、〈私自身が継母と言われる身の上だから〉と付け加えていたのでした。

投稿数　９９２通

松本清張

砂の器

松本清張

Matsumoto Seichô

1909（明治42）年〜1992（平成4）年

本名は「清張《きよはる》」。福岡県小倉市（現・北九州市）に生まれた。経済的事情により高等小学校を卒業すると就職。給仕、印刷工見習いなどをへて、朝日新聞社に入社。学歴がないため幼少時から憧れていた新聞記者にはなれず、意匠係として勤めた。50年、41歳のとき応募した『西郷札』が入選、翌年の直木賞候補に。53年『或る「小倉日記」伝』で芥川賞受賞。58年『点と線』、59年『ゼロの焦点』が大ベストセラーとなり、一躍人気作家となる。『砂の器』が刊行された61年以降は長者番付作家部門トップの座を譲らず、82歳で死去するまで第一線で書きつづけた。約1千編にものぼる作品を生み出した原動力は「暗く濁った」前半生にあり、飽くなき知識欲、歴史に埋もれた真実への探求心、権力への怒り、報われない人々への共感として結実している。

文庫で入手可能なもの
新潮文庫（上下巻）

内容解説

1961（昭和36）年に刊行された長編小説。好人物の元警官が、顔をめちゃくちゃに潰されて殺害された。さらに、作曲家の和賀や評論家の関川らが属する、気鋭の文化人集団の関係者が次々と死亡。捜査にあたった刑事・今西は、過去の自分を消し去らんとする和賀の犯行であると見抜くが、「自分の将来のため、業病の父の戸籍から脱出したい」というその動機には同情を禁じえなかった。当時タブーであったハンセン病に対する根強い差別を初めて扱った社会派ミステリの傑作であり、そこには貧困と学歴の低さゆえに差別された若き日の清張自身が投影されている。

『砂の器』【1】

読者を離さぬ握力とは

『砂の器』は、1960（昭和35）年から翌年にかけての新聞連載小説でした。会社に置いてある新聞でそれを読んでいた奈良県の藤井久美子さん（73）は、〈連載途中で結婚のために退社したあとも、続きが気になって、毎日近くの駅までその新聞を買いに行って読みつづけた〉。

一方、『砂の器』は映画やドラマでも高い評価を受けた作品です。映像化されたものはすべて観《み》ているという京都府の今井信子さん（74）は、〈「今回の読書会は読まなくても感想を書けそう」と夫に冗談を言っていたが、読んだら面白いことこの上なしで、ひさしぶりに新幹線並みの速さで読み終えた〉。

また、本作は当読書会で初の上下巻。負担をかけすぎてしまうだろうかとスタッフ一同案じていたのですが、〈ずんずんと話の中に引き込まれ、あっという間の1・5日で読み終えました〉（兵庫県・中村秀美さん・46）、〈読んだ。読んだ。まさに夢中で読んだ〉（神奈川県・矢吹百合子さん・73）、〈最後まで読むことができるかと心配したが、杞《き》憂《ゆう》に終わったのを心から喜んでいる〉（兵庫県・ゆきこさん・38）……。

読者の心をがっしりとつかんで離さない、いわば「握力」の強さを皆さん一様に感じている様子です。「殺人事件の犯人は誰か」の興趣はもとより、それだけで終わらないのが清張の「握力」。〈以前ドラマで観たので筋はだいたい覚えているし、犯人もわかっているのに、清張のストーリー展開のみごとさ、うまさに夢中になった〉と言う千葉県の立野正子さん（60）は、〈やはり小説はいい〉と感嘆の一言も添えていました。

なにしろ題名一つにも、さまざまな受け止め方があります。

〈「砂の器」とは、事件解決の難しさのことか、犯人のアリバイが次々と崩れていったことの象徴なのか〉（埼玉県・荒川博さん・72）、〈地位も名声も「砂の器」でしかない〉（大阪府・山崎千里さん・48）、〈「砂の器」は、人間のもろさや弱さを象徴しているのだろうか〉（東京都・坂元敦子さん・20）、〈「砂の器」とは、不条理と悲しみに満ちた人間の生の「業《ごう》の器」でもある〉（東京都・本郷哲さん・58）、〈戦争の影をひきずっていた時代に一生懸命に砂で器をつくろうとしている者への、作者の思いやりを感じた〉（神奈川県・田浪由紀子さん・46）……清張の仕掛けた謎は、すでにここから始まっていたのかもしれません。そして、作品中であえてその謎が解かれていないからこそ、発表から半世紀近い時をへてもなお、本作は新たな読者を惹《ひ》きつけているのでしょう。

〈松本清張さんは昔から聞く名前で、伝説の作品だと無意識に思っていましたが、なんと、いまもいきいきと生きていました。すごかった〉（大阪府・永世大まじんさん・43）

次章から『砂の器』の作品世界へと足を踏み入れていきましょう。ケータイとインターネットの時代に生きる僕たちの目に、清張の描いたあの時代の悲劇はどう映るのでしょうか。

『砂の器』【2】

中年刑事のねばり強さ

今年（2009年）生誕百年を迎えた松本清張は、太宰治と同年生まれ。もっとも、太宰が39歳の誕生日を目前に世を去ったのに対し、清張のデビューは41歳――遅咲きの苦労人・清張は、出発点からオトナの作家だったわけです。

〈清張さんの小説が大好きな理由は、派手ではない刑事さんたちがコツコツと手がかりを追い続けていくプロセスがみごとに描かれているから〉（山形県・天使のはねさん・47）

それは『砂の器』でも同様。主人公の中年刑事・今西のねばり強さに胸打たれた、という声が数多く寄せられました。〈いい男だね、今西栄太郎は〉と東京都の堀内眞吾さん（66）が言えば、福島県の斎藤章さん（77）も〈犯人逮捕の褒美に、今西を風呂付きの官舎に住まわせてやってほしい〉。さらには今西の姿を清張の「分身」と見て、〈どこまでも糸をたぐり、証拠を積み上げていく今西刑事の泥臭さは、松本清張さんのものを書く姿勢と重なっているのではないか〉（千葉県・星都さん・37）、〈捜査のためには自腹を切ってでも地方に赴《おもむ》くなんて、作者自身の人間性だと思う〉（愛知県・佐野孝子さん・66）と称《たた》える声も。

〈今西は社会正義にあふれており、とても格好いい。周囲もそれを当然と理解していることを、「古き良き時代」という一言で片づけてしまうのでは哀《かな》しさを感じる〉（東京都・池田光男さん・50）

池田さんはそのあとで〈いささか懐古趣味かな〉と照れくさそうに付け加えていましたが、「そんなことないですよ」と応える人、きっと多いのでは？

ケータイやインターネットはもちろん、まだ新幹線すらない時代、今西刑事はひたすら歩き、夜汽車に揺られます。確かに泥臭い。無駄足も多い。しかし、靴底をすり減らしてきたからこそ発見できた手がかりもあるのです。〈ど根性の昭和が懐かしく感じられた〉と43歳の久里子さん（兵庫県）が言い、娘世代にあたる19歳の渡辺有香さん（岐阜県）も〈デジタル化していく現代の中で、久々にアナログの存在の重要さを感じた〉

と素直に脱帽するところが、昭和／平成にまたがるロングセラーの所以《ゆえん》なのでしょう。
また、今西刑事の暮らす町や事件現場に土地勘がある小澤靖さん（東京都・62）は〈もしかしたら今西刑事が歩いた道を私も歩いたことがあるかもしれないなあ、と思いながら読んでいました〉。新潟県の岡田禮子さん（61）は〈自分も今西刑事と一緒に地方を回って聞き込みをしているような錯覚にとらわれた〉。そこまでの臨場感は、清張の筆力もさることながら、やはり今西刑事の魅力あってこそ。
〈今西栄太郎は、心のつながりを大切にする人である。家族や同僚との交情が彼の仕事を支え、「情」が彼を動かす〉（大阪府・石田誠さん・60）
思えば、この物語全編にさまざまな「情」が織り込まれています。次章、過去を消したい「情」が生んだ悲劇へと読書会は進みます。

『砂の器』【3】

過去におびえ続けて生きるかなしみ

〈過去とは、すべての人にとって懐かしいふるさとというわけではない〉と群馬県の綿貫紀雄さん（68）は言います。〈忘却の彼方《かなた》へ追いやりたい過去、それ以上に、己自身も一緒に唾棄《だき》したい過去というものもある〉——連続殺人を犯してしまう和賀英良《えいりょう》にとっての過去もそうでした。

ハンセン病への誤解と偏見から激しい差別を受けた「本浦秀夫」は、偽りの戸籍によって「和賀英良」としての人生を得て、それを守るために殺人を重ねていく。彼の犯した罪は決して許されるものではなくても、皆さん、単純に断罪してはいないようです。

〈和賀はとても哀れな人である。生い立ちではなく、自分の過去を受け入れられなかったことが〉（埼玉県・坂本美和さん・36）、〈過去にどこまでおびえつづけて生きていかなければならないのだろうか。それに打ち勝たないかぎり、また罪を犯してしまうのか〉

〈福岡県・林野祥子さん・67〉、さらには〈逆境の中で野心を実現していく和賀からはたくましい精神力と底知れぬ孤独が伝わってきて、学生時代に読んだ時には共感すら抱いた〉〈栃木県・根本啓二さん・52〉……。

一方、その裏返しというべきか、作中では善良きわまりない人物として描かれている最初の被害者——懐かしさゆえに和賀を訪ねて殺害された三木巡査に対して、じつは厳しい声が少なくありませんでした。

〈「恩人」と言うが、それは差別する側の言い草で、和賀にとっては敵語であり差別語にもなると気づかされた〉〈宮城県・金子あづまさん・67〉〈三木は善人すぎて、不幸な人間の感情に対して鈍感すぎた〉〈千葉県・ヒロ子さん・51〉

しかし、それははたして和賀と三木巡査だけの関係なのだろうか、と神奈川県の土屋雄貴さん〈29〉は問いかけます。

〈和賀は世間の目によって三木を殺さざるをえなかった。ほんとうに三木を殺したのは私を含む世間だったのではないか〉

また、三木巡査の顔を無惨《むざん》につぶしたことについても、身元を隠すためという現実的な理由を超えて〈めちゃくちゃにされた三木の顔は、和賀を差別し、黙殺してきた社会そのものだったのでは〉（岡山県・桐山宗義さん・69）と読み取る声が。

だからこそ、読者の胸には読後も一件落着で終わらないせつなさが残るのでしょう。〈和賀を逮捕する刑事の胸は哀しみにあふれている〉（大分県・深津定さん・75）、〈犯罪は犯罪です。でも、和賀がかわいそうでたまりません〉（石川県・大野朋子さん・43）、〈和賀英良こと本浦秀夫に情状酌量をお願いいたします〉（神奈川県・南浅吉さん・48）……。

そのせつなさを、祈りへと昇華させてくれた兵庫県の今北渚さん（20）の声を、最後に。

〈和賀は逮捕され、法の裁きを受けることによって、「再び差別されるのでは」という恐怖に満ちた苦しみからようやく解放されたのだと、私は信じていてもよいだろうか〉

『砂の器』【4】

理よりも情で読み継がれる

つい先日お孫さんが生まれたばかりの兵庫県の小野寺初枝さん（75）は、赤ちゃんを見ていると『砂の器』の一場面が浮かんできて、悲しくなるそうです。〈身ごもった赤ん坊とともに和賀に殺された恵美子がかわいそうで、胸が張り裂けそう〉

また、高校1年生の時に本作を読んで、「カメダ」の方言のくだりに惹きつけられた京都府の河仲伸子さん（43）は、〈国立国語研究所の存在と方言が学問として成立していることを初めて知って、それが大学で国語学を専攻しようと決心するきっかけになりました〉。

さらには、権力へのまなざしの厳しさで知られる松本清張作品だけに、こんな投稿も。〈清張文学は社会人になりたての頃、上司を憎み、うっぷん晴らしに読んでいた。ひさ

しぶりにその頃を思いだした〉（茨城県・石田克臣さん・72）

これなんだなぁ、と清張の魅力をあらためて痛感しました。優れた大衆文学は、読み手の人生に寄り添って――いわば「理」よりも「情」とともに、読み継がれ、語り継がれていくものではないでしょうか。

あえて辛口評をいくつかご紹介しておきます。映画版も邦画史に残る名作だっただけに〈映画に比べると小説では和賀の影が薄い〉（長野県・やまのうささん・46）、女性の描き方についても〈女性の社会的地位が低い時代だったんだなぁ、と感じた〉（富山県・柚木礼子さん・60）、謎解きも〈都合がよすぎる感は否めない〉（広島県・桑田匠さん・38）。

ただし、それらの声もまた、決して「批評」の高みからのものではありませんでした。読み手自身の人生がにじむからこそ、言葉に温《ぬく》もりがある。

たとえば、内助の功で夫を支える今西刑事の妻・芳子が、今西に買ってもらった帯留めを喜ぶ場面で〈じわっと涙が出ました。自分でも思いがけないことでした〉（神奈川県・新井秀子さん・73）、和賀を逮捕する時に若手の吉村に手柄を譲る今西の姿に〈うれしかった。松本清張という小説家の心底をうかがえた気がした〉（三重県・川村緑さん・

81）……。読み手もまた作品に寄り添い、岡山県の横田恵美さん（51）の言葉を借りるなら〈一人ひとりの線が濃い〉登場人物に寄り添っているわけです。

しかも、それは「昭和」や清張を知らない世代にも、しっかり受け継がれています。14歳の庭さん（埼玉県）は、〈読みはじめたら止まらなかった〉と書いたあと、こうつづけていました。〈面白い、面白い、と頁《ページ》を繰っていき、終盤に近づくにつれ、悲しいような切ないような気持ちになった〉

「昭和」の国民作家は、没後17年をへてもなお、新たな読者の人生との伴走をつづけるはず。だからこそ、〈怖い顔の作者写真が「俺《おれ》の作品は難解だよ」と思わせて損をしている。こんなに面白いのだから、笑顔の写真を使うべきだ〉（東京都・相馬つづるさん・40）——これもまた、作家への寄り添い方の一つだと、僕は思うのです。

投稿数　877通

内田百閒

ノラや

内田百閒

Uchida Hyakken

1889（明治22）年〜1971（昭和46）年

本名は栄造。百鬼園とも号した。岡山市の造り酒屋の一人息子として生まれ、祖母に溺愛されて育つ。1914年東京帝大独文科卒業後、陸軍士官学校、法大などでドイツ語を教えるが、34年法大辞職後は自由な作家生活に入る。東京帝大在学中に夏目漱石門下となり、芥川龍之介、鈴木三重吉、小宮豊隆、森田草平らと親しく交わる。特異な幻想味をもつ短編集、22年『冥途』、34年『旅順入場式』のほか、酒や琴、鉄道、猫などをこよなく愛し、筆のおもむくままに綴《つづ》ったユーモラスで飄逸《ひょういつ》な33年『百鬼園随筆』、52〜56年『阿房列車』シリーズなど多くの著作を残した。67年に芸術院会員に推薦されるが「イヤダカラ、イヤダ」と辞退したことは有名。わがままで人見知り、狷介な性格の半面、すぐに涙を流す気の弱い、やさしい面もあった。

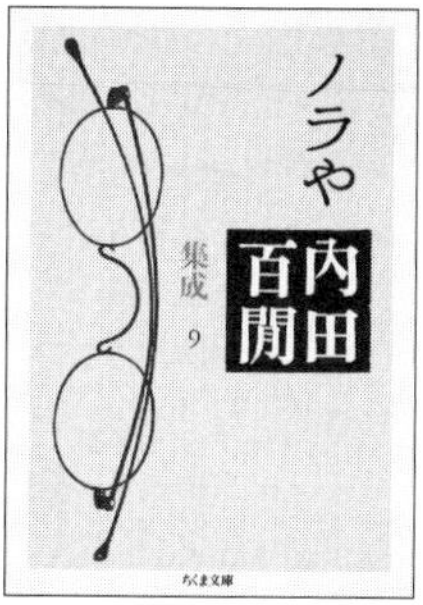

文庫で入手可能なもの
ちくま文庫、中公文庫

内容解説

行方不明になった愛猫のノラを案じ、悲嘆にくれる日々をつづった「ノラや」「ノラやノラや」「ノラに降る村しぐれ」は、１９５７（昭和32）年に発表された。野良猫の子だからノラという。老夫婦２人きりの家にすっかり溶け込んでいつしか小さな家族の一員になった。そんなノラがある日、木賊《とくさ》の茂みを抜けて出ていったまま帰らない。今頃どこで眠っているのだろう。腹が減ってはいないか。ノラやお前はもう帰ってこないのか。甘える姿が目に浮かぶ。新聞折込広告を出し、ラジオで呼びかけ、八方手を尽くしても見つからず、ノラやノラやと呼びながら百閒は涙が止まらない。

『ノラや』【1】

猫派vs.アンチ猫派で波乱含みに

さて、百年読書会始まって以来の「問題作」登場です。なにしろ題材が猫。賛否両論というより、好き嫌いがはっきり分かれるだろうな、これは……と思っていたとおり、まずはアンチ猫派の皆さんの声から。

〈私は猫が大嫌いです。ノラやクルツをここまでかわいいと思う百閒先生の気持ちがまったく理解できません〉（長崎県・本川れいこさん・61）

〈夫とも大の猫嫌いの私としては、『ノラや』には戸惑い、あまり読みたくない、というのが本音でした〉（愛媛県・森井幸子さん・70）

〈猫は嫌いです。人に媚《こ》びを売るようにすり寄ってくる動作や「みゃー」という声がどうしても好きになれません。その点、犬はかわいい。犬の話だったらよかったのに〉（東京都・大津留尚代さん・67）

もちろん、猫派は正反対。
〈私のような猫好きには、たまらない作品だった。いつになったらノラは百閒先生のもとへ帰ってくるのか、ウチの猫のような気になって、思わず後ろから読んでしまった〉（東京都・西崎瀬奈さん・26）
〈「なんだ、猫がいなくなったぐらいで」と思われる方も多いかと思うが、そこが「たかが猫、されど猫」で、百閒先生のすごいところ〉（静岡県・関綾子さん・65）
さらに、長崎県のるんをさん（37）に至っては、〈この本を読んで「へえ〜」「ふ〜ん」だけの感想の人とは、仲良くなれない〉と、きっぱり……。
予想以上にくっきりとしたコントラストですが、東京都にお住まいの主婦Y・Iさん（42）の投稿には、進行係として粛然とさせられました。
〈私は猫が好きではないので、作者の気持ちが十分に理解できなかったのが残念。ここまで作者が心を奪われる猫の存在がとうてい理解できない自分の薄情さが嫌になった〉
Y・Iさん、どうかご自分を責めないでください。アンチ猫派、百閒先生のノラへの愛情に辟易《へきえき》気味の皆さんも、〈どうして本書が百年読書会に選ばれたのか理解しがたい〉（京都府・奥村正男さん・66）とおっしゃらず〈厳しいご意見はありがたく拝読しましたが〉、どうか最後までお付き合いください。

〈私は猫が大嫌い〉という愛知県のヒデクさん（79）は、最初は本書にただ呆《あき》れるだけだったそうです。ところが、〈この老先生の猫に対する気持ちを自分の子や孫に置き換えると、不思議なことに、あれほど不可解だった先生の涙も、喪失感からくるショックも、体調不良も、これを書かずにいられなかった気持ちから書くことで救われた気持ちまでもが、同感できるようになった〉。

また、夫君を先年亡くされたという和歌山県の大江光子さん（78）は、ご自身の体験を踏まえて〈惜別の情というものは、人間と犬や猫の場合でも同じであると痛切に思った〉と投稿を締めくくってくれました。

喜寿を超えたお二人の声、『ノラや』を読み進める際の大きなヒントになるのでは？

『ノラや』【2】

「大のおとなが…」という驚きから

2週目です。まだモメております。「くだらない」「理解できない」と完全否定の声が寄せられる一方、擁護派も負けじと絶賛の論を張って……。

ただ、猫派／アンチ猫派という枠をはずしても、「これが猫を探す子どもの話なら、どうだっただろう」と思わされます。つまり「大のおとなが……」という違和感を皆さん共通してお持ちの様子なのです。

〈百閒のように徹底した「愛の精神構造」には到底ついていけない〉（栃木県・一本杉彬さん・82）とあきれる声あり、〈あの強面《こわもて》の先生が、こんなにも心配性で泣き虫とは知らなかった〉（茨城県・鈴木博之さん・70）と驚く声あり、〈百閒先生、なにをやっているんだ、いつまでもメソメソして〉（東京都・木元寛明さん・64）とハッパをかける声ありの中、やはり百閒の泣き虫っぷりに釈然としない思いを抱いた三重県の向井るみさん

（42）は、本書を猫好きの中2の息子さんに渡したそうです。すると——。

〈息子に「一緒に泣けてきて、つらくて読めない」と言われた。そうだったのだ。百閒は無防備に、純粋に、心の底からただノラが愛《いと》おしく、悲しかったのだ〉

そんな百閒の無防備な感情の発露こそが本書の読みどころだと指摘する声が、じつは数多く寄せられています。

〈猫にこれほど翻弄《ほんろう》されてしまう姿を、なにも臆《おく》さず素直に表現できることに対するうらやましさと、「だって、しょうがないよね」という愛おしさを感じました〉（東京都・中村ひさえさん・32）

〈手放しの嘆き方、他人の迷惑を顧みない探し方は、どう見ても世間の平均値を大きくはずれているのに、その姿勢には肩肘《かたひじ》張ったところがまったくない。世間を恐れる様子がないのだ。百閒先生は達人である〉（千葉県・金子紀子さん・52）

〈みみっちい感情から目をそらさず、しっかりと向き合うのは、生易しい作業ではない。喜怒哀楽を抑圧しつつ生きている私にはうらやましいかぎり〉（栃木県・根本啓二さん・52）

さらには、45歳の主婦・葉羽さん（千葉県）は〈男ってかわいい〉、兵庫県の高木朝雄さん（62）は〈男って結局あきらめの悪い動物だ〉と、百閒先生が照れてしまいそうな声も。

もっとも、〈やっぱり男の人だな。日常の世話は二番目という、悪く言えば他人任せという感じ〉（埼玉県・秋山千晴さん・44）、〈なぜ自分で探しに行かないのか。奥さんや知人任せにする態度が理解できない〉（愛知県・小樽さん・33）という声も無視できません。

〈「男はめそめそ泣いてはいけない」と言われた時代にここまで泣けることに、自由な精神と感性を感じた〉という東京都の浦野澄子さん（70）も、〈猫探しに翻弄された奥様はお疲れだっただろうに、ねぎらいの言葉がまったくないのにも時代を感じましたが〉と付け加えていました。うーん、なるほど、どうやらここにもまた新たな火種がありそうな……。

『ノラや』【3】

ノラちゃん、今日は帰ってくるかな

3週目。厳しい批判の声、本選びへのお叱《しか》りの声、あいかわらずコンスタントに届いております。その中でもかなりの数が集まったのが、ノラ失踪《しっそう》後の日記の記述への不満の声でした。

〈劇的に話が進むわけではなく、退屈だった〉（徳島県・チューリップさん・22）、〈ブログを読んでいるような感じ〉（京都府・山奥和宏さん・37）、〈老人の繰り言のような箇所《かしょ》があり、ピシッとした作品になっていないのが残念〉（大阪府・奥村善宣さん・58）……しかし一方で、〈初めはメロメロぶりが不気味でしたが、読み進めるうちに、つい私も引き込まれました〉（長野県・呉羽かおるさん・35）という声も多数寄せられています。

〈こんな話をいつまで続けられるのだろう。でも、「ノラちゃん、今日は帰ってくるかな」と、どうも気になる。同じような話だと思ってしばらく読まずにいると、またしても気になってくる〉（愛知県・東方陽子さん・48）、〈百閒先生の態度に最初はあきれ、次に感嘆し、やがて敬服に変わった〉（東京都・樹山梧郎さん・67）、〈気がつけば、読書中の3週間、百閒先生のノラへの愛情と不安に不思議にもしっかりと付き合わされてしまった〉（埼玉県・新田目誠さん・53）……。

まさに、新潟県の星野洋一さん（70）が言うとおり〈なんの変哲もないことをこれだけ面白く読ませる文体とはなんだろう〉。その問いに、音楽の分野から答える声が——同じメロディーを延々と繰り返すラヴェルの『ボレロ』を想起したという声が複数ありました。そんな一人、〈ラヴェルの『ボレロ』ではないが、のべつ幕無しの「ノラや、ノラや」の繰り返しに、すっかり洗脳された〉という埼玉県の高田怜子さん（63）は、おかげで生来の猫嫌いが薄れたそうです。また、日記中に頻出《ひんしゅつ》する雨の記述に注目した神奈川県の甘濃晶子さん（60）は、〈雨の音は作者の心を反映する〉。そう、雨音も延々と繰り返されるものなのです。

それを思うと、〈百閒先生が出した三たび目の広告文を読んでいたら、私も切なく悲しい気持ちになってしまった〉という大阪府のあしたのチャオさん（51）にとっても、広告文が三度目だったことが大きそうです。もしも一回こっきりの広告文掲載だったなら、ここまで胸が揺り動かされたかどうか……。

確かに百閒先生の悲しみの描き方は過剰です。しかし、埼玉県の野川清さん（63）が〈読者をその気にさせる「説得力」が、この作品にはある〉と指摘するとおり、過剰にならなければ伝えられないものも、きっとあるはず。〈悲しみを持続することはほんとうは難しいのだと、年をとるとわかってくる。悲しみつづけるのも才能の一つだと思った〉（広島県・工藤明江さん・60）――なるほど、本作の主題は、猫がいなくなったことを「悲しむ」のではなく、「悲しみつづける」ことにこそあるのかもしれません。

次章は、その悲しみの正体へと迫っていきましょう。

『ノラや』【4】

百家争鳴の読み方

4週目。百閒先生の過剰な悲しみぶりへの戸惑いの声は、やはり最終章になっても消えていません。ただ、角度を変えて作品と向き合ってみた、というひとも確実に増えてきました。

〈猫に対して流す作者の涙を最後まで理解できませんでした〉という福岡県の内藤慶子さん（69）は、〈しかし、作者を取り巻く人々の愛情や優しさには感動しました〉。百閒先生の言動に〈唖然《あぜん》としています〉と打ち明ける神奈川県の佐々木恭子さん（69）も、〈唯一感銘を受けたのは、奥様が素晴らしいことです〉。

実際、夫婦や師弟をはじめとする人間関係の温かさを読み取る声は、「昭和」を知る世代を中心に多数寄せられています。

〈猫の失踪に涙する男、それを慰め、奔走する妻や友人や隣人たち、そして無数の人々。

そういうおせっかいさも、昭和30年代初頭の時代のゆるやかさだろうか〉（埼玉県・宮内則幸さん・54）、〈当時のご近所付き合いや街の雰囲気がうらやましい〉（神奈川県・あむ愛さん・47）、〈周囲の人たちは百閒さんに巻き込まれても、それを心地よく感じているのではないか〉（東京都・けいさん・59）……だからこそ、宮城県の松浦弘子さん（66）は、悲しみに満ちた本作をあえて〈一つの幸せ物語〉とさえ呼んでいるのです。

一方、若い世代で目立ったのは、百閒先生の悲しみそのものに踏み込んだ読み方でした。

東京都の高校2年生・菅谷翔太さん（17）は、〈主人公の気持ちがわからない〉としながらも、こうつづけています。

〈それは自分にとって大切なものが猫ではなかったからなのだろう。作者は猫を通じて「自分の大切なものとはなにか」を問いかけている気がした〉

その言葉に大きくうなずくように、埼玉県の鈴木寛子さん（25）も、〈大切なものがいかなる意味で大切かを語る、そのひたむきさを好ましく思います〉と書いてくれました。

さらに、〈愛を注ぐものがあることで人は強くなれる半面、失うことでいかようにも心身が弱くなる〉（栃木県・塚本美砂子さん・47）、〈ほんとうに大切なものは、なくして初めてその大切さを痛感する〉（三重県・山口聡嗣さん・49）……奇《く》しくもお二人は、ともに中学校の先生。教師として生徒たちに伝えたいことが、本作には息づいているのかもしれません。

それにしても、本作への投稿はいつにもましてバラエティー豊かでした。ご自身の子離れ体験を綴《つづ》る人、老いの孤独に言及する人、ブラックユーモアではないかと推理する人、ご近所の猫の狼藉《ろうぜき》を訴える人……まさに猫だけに（？）百家争鳴、です。

そんな中、福岡県の斎藤宏茂さん（39）の投稿を最後にご紹介します。斎藤さんは感想のあとに〈蛇足だが〉と、こう付け加えていたのです。

〈ノラの食べ物が美味《おい》しそうなので真似《まね》て作って食べたら、少し太った〉

僕はこの一節に百閒先生のエッセーに通じるものを感じたのですが、いかがでしょう。

投稿数　862通

宮沢賢治

銀河鉄道の夜

宮沢賢治

Miyazawa Kenji

1896（明治29）年〜1933（昭和8）年

岩手県花巻に生まれる。1918年に盛岡高等農林学校（現・岩手大農学部）を卒業後、母校の研究助手に。在学中から日蓮宗の信仰を深め、21年に単身上京、自活と布教の生活に入る。妹トシの病気の報せで帰郷、その後は農学校の教諭を務める。この上京中に童話の創作が始まり、『どんぐりと山猫』などの作品が書かれた。24年詩集『春と修羅』を自費出版、童話集『注文の多い料理店』を刊行するがほとんど売れなかった。農学校教諭時代はもっとも平穏な時期であったが、教え子との交流を通じて農村の貧困を知り、26年退職。独居自炊、開墾の生活のもと同年羅須《らす》地人協会を設立し、献身的に稲作指導にあたるが成果は上がらず、28年過労のため病を得て実家にもどる。『銀河鉄道の夜』『グスコーブドリの伝記』はこの時期の作品である。

文庫で入手可能なもの
新潮文庫、岩波文庫、角川文庫、ＰＨＰ文庫ほか

内容解説

著者没後の１９３４（昭和９）年刊行の全集に収録された賢治童話の代表作のひとつ。24年頃に初稿を執筆し、晩年まで推敲を重ねた。貧しく孤独な少年ジョバンニは銀河の祭りの夜、丘に登り銀河を仰いで横たわるうち、いつしか親友カムパネルラと幻想の汽車で夜空を旅している。旅の終わり、みんなの本当の幸いを探しに行くという親友に「一緒に行こうねぇ」とジョバンニは答えるが、その姿を見失う。泣きながら目覚めて丘を下ったジョバンニは、カムパネルラが級友を救おうとして水死したことを知る。壮大な宇宙観と詩情に彩られ、アニメや演劇などにもなっている。

「青春時代の愛読書」への旅に出発

〈宮沢賢治を待っていました〉（東京都・稲村智恵さん・55）、〈必ず課題図書になるだろうと信じていた〉（愛知県・立松孜さん・66）という声とともに、『銀河鉄道の夜』をめぐる読書会、銀河ステーションからいよいよ出発です。

まずは再読組の投稿を拝読していると、面白いことに気がつきました。宮沢賢治自身の夭折《ようせつ》もあってか、「青春時代の愛読書」として名高い本作ですが、じつは読み手が年齢を重ねることで感じ取れる奥行きがたっぷりありそうなのです。

茨城県の坂場由美子さん（38）が〈子どもの頃は透明で壮大なファンタジーとして好きでしたが、40代を目前とする年齢になったいま強く感じるのは、人が生きる哀《かな》しみと美しさです〉と言えば、兵庫県の高木朝雄さん（62）は〈20歳で読んだときには理解不能だったが、60歳を過ぎて読み返してみると、これは童話というより高度な哲学書ではないかと思った〉、さらに福岡県の長野聡さん（47）は〈血気盛んな若い頃には2ページも読み進められなかったが、いまは一気に読んだ〉……。

一方、若い世代の初読組・神奈川県の石曽根康一さん（26）は、〈僕は賢治と相性がよくないかもしれない〉と率直な感想を打ち明けて、こうつづけていました。〈鉄道に乗ってどこまでも行くという感覚を、現代に生きる僕たちは感じづらくなっているのではないか？〉――なるほど「夜汽車」が死語になりつつある時代、むしろアニメの「銀河鉄道999」を思い浮かべたほうが作品に近づけるということもあるのかも。

実際、詩情豊かなイメージをふんだんにちりばめた作品だけに、その世界を共有できるかどうかが感想の賛否の分水嶺《ぶんすいれい》になっている様子です。

〈三度読み返したが、なにが書いてあったのかさっぱりわからないし、イメージを結ぶことがまったくできなかった〉（東京都・宮地真美子さん・77）

〈何度も読んだが、ヒントどころかとりつく島もないというのが正直なところである〉（東京都・木元寛明さん・64）

ただし、それは決して作品そのものへの反発や否定にはなっていません。宮地さんは

〈皆様の投稿を読むことで学んでみよう〉、木元さんも〈今回は自分のコメントはお手上げ。参加者各位のコメントを楽しみにさせていただく〉……これぞ読書会の醍醐味《だいごみ》であると同時に、作品に対する優しさや謙虚さが、すでにして宮沢賢治の世界に無意識のうちに包み込まれている証《あかし》なのでは、とも思わされます。

東京都のほわさん（48）の投稿は、冒頭に〈なんて歩きにくい〉とありました。てっきり批判のコメントだろうかと思っていたら、さにあらず。

〈すごく濃密な文章、そして鬱蒼《うっそう》としたイメージ。子ども向きとも思われるのに、その内容の濃さ。現代の小説は、これに比べたら草原をスーッと通り抜けてしまうようなもの〉

次章以降、その濃密な作品世界を旅してみましょう。

理解するのではなく味わってみる

宮沢賢治が『銀河鉄道の夜』に込めたメッセージとは——。

それを読み解こうとした宮城県の北山潔さん（50）。なかなかうまくいきません。〈でも、子どもの頃は理屈で読まなかったためか、話の中にすんなりと入り込めた記憶があります。理屈を考えると読めなくなるのかも？〉

また、〈何度読んでも理解できず、ただただ活字を追う作業の繰り返しでした〉という神奈川県の直さん（48）は、先週の本欄を読んで〈同様の感想をお持ちの方がいらしてホッとしました〉。同世代の高橋英之さん（東京都・46）も、〈皆さんの戸惑いの反応を知って少し安心しました〉と胸を撫《な》で下ろしています。

そうそう、名作が「理解」できないと告白するのは、オジサンには意外と勇気が要るんですよね……と、46歳のシゲマツも深く首肯《しゅこう》いたします。

でも、小説の味わい方とは筋書きや主題を「理解」することだけではなさそうです。〈お能を観《み》る時のように、わからなくて当然、雰囲気を愉《たの》しもう、と割り切って読み進めると、ジョバンニに共感できる部分もあった〉（滋賀県・安積こうさん・38）〈生と死とのはざまにある玲瓏《れいろう》と美しい銀河の旅。それを味わうだけで十分〉（広島県・玄馬絵美子さん・28）

なるほど、書かれたものをまずはそのまま受け止めてみること――そうすると、真っ先に感じるのは、まばゆいばかりの鮮やかな色彩でしょう。〈窓外の眺めの次から次へと息もつかせぬ描写が美しく、まばゆい臨場感に巻き込まれて、乗り物酔いしそうな興奮に襲われました〉（愛知県・ヒデクさん・79）、〈色とりどりに煌《きら》めく光の中を進む銀河鉄道。なんと豊かな想像力でしょう〉（埼玉県・アラ7さん・68）、〈銀河鉄道から見える景色の描写にはたくさんの色が登場する。初めてカラーテレビを観たときに目がチカチカしたことを思いだした〉（香川県・三好一彦さん・53）……。

あるいは音の響きも本作の魅力の一つ。長野県の柳沢由美子さん（57）は〈声に出して読んでみると、賢治の文章の一言一言がむだなく美しいことに気づかされました〉。

ホームプラネタリウムで部屋に星空を映し出しながら朗読CDで本作を楽しんでいる山口県のぴょんさん（17）は、〈活字で読む時よりじっくりと自分の頭の中で風景を構成できて、そのきれいさにうっとりです〉。

パン工房にお勤めの三奈木良子さん（大分県・37）は、仕事柄、早朝に出勤することも多いとか。〈早朝出勤の時に見る星空が、賢治世界を旅するのには効果的だという気がしています〉――夜明け前の凛《りん》とした星空の下は、こと本作にかんしては最高の書斎になりそうです。

読書中、もしくは読後に、夜空を見上げてみませんか。すうっと星に吸い込まれそうな心地よさに包まれたら、そこから、ほんとうの意味での「理解」が始まるのかもしれません。

『銀河鉄道の夜』【3】

ジョバンニの寂しさや悲しさは……

主人公ジョバンニは、孤独な少年でした。父は長く不在で、母は病気。働きながら通う学校でも級友からいじめられています。〈すごい夢の世界ですが、いつもどこか寂しさを感じていました〉（山口県・末本和恵さん・42）という声が数多く寄せられたのは、ジョバンニの寂しさやつらさを読者もわがことのように受け止めているからでしょうか。〈私も夜間高校に通って母の面倒を見ていたから、身につまされる〉（大阪府・山田恵美子さん・68）、〈子育て中のため、ジョバンニが意地悪を言われている場面では、わが子がそうされているみたいに胸が痛みました〉（東京都・ゆママさん・34）、〈中学教師という仕事柄、先生に指されたジョバンニがハキハキ答えることができずに涙を溜《た》める場面で、いつも悲しくなってしまう。自分もそういう子どものつらい気持ちを生み出す側に立ったこともあるんだと思うと、また一段とせつない〉（福岡県・中井康雅さん・52）

……。

幻想的な美しさで語られることの多い『銀河鉄道の夜』ですが、〈仲間はずれやいじめに遭った時の気持ちの描写がうまいことが、読み継がれるポイントだろうなぁ〉と新潟県の島田新さん（44）が言うとおり、宮沢賢治は現実世界でのジョバンニの寂しさや悲しさからも目をそらしていません。だからこそ、〈ジョバンニの苦しい現実と、美しい非現実の対比が印象的〉（東京都・山本真由美さん・23）になるのでしょう。

しかし、美しい旅は不意に終わってしまいます。ジョバンニは再び現実の世界に戻ってきて、旅をともにしたカムパネルラの死を知らされるのです。

その悲しい結末は〈3回読み返しても納得できません〉と愛知県の恒川順子さん（68）。意地悪な級友ザネリを救うために命をなげうったカムパネルラの行動についても、神奈川県の勝部明子さん（38）は母親の立場から〈それがどんなに尊い行動だったとしても、私は許すことはできない〉と断じ、愛知県の中川佳子さん（43）も〈カムパネルラは友人を見殺しにした良心の痛みに耐えてでも、おっかさんのために生きたほうがよかった〉と言います。

さらに、ジョバンニやカムパネルラと近い年齢の読者からも、こんな声が――。

〈死ぬことや悲しい目に遭うことが美化されているようで、映像的には美しいが、なんとなく悲しくて、ふに落ちない〉（三重県・くるりんさん・14）

それでも、宮沢賢治はカムパネルラに自己犠牲の行動をとらせました。〈夢がどこまでも続いてほしいと思いながら読んだ〉（東京都・篠田修一さん・73）という読み手の思いを受け止めながらも、理不尽なまでに悲しい結末を用意しました。

どうしてなのでしょう。

〈死と孤独――人が背負わされた宿命を、読むたびに意識させられる〉という京都府の橘幸子さん（48）の言葉を手がかりに、次章、宮沢賢治が本作で伝えたかったことを探ります。

『銀河鉄道の夜』【4】

「ほんとうの幸い」を探す旅とは

不思議なひとたちと次々に出会った旅の終わりに、カムパネルラをうしなったジョバンニ。旅が楽しかったぶん、悲しみや孤独感も深かったはずです。

でも、銀河鉄道で旅することは、そもそも孤独を抱きしめることではないか——と、大阪府の長村章子さん（34）。

〈一人ひとりの内に持つ孤独が別の孤独と出会って別れる、その間の共有する時間の流れが銀河鉄道なのだろうか〉

そしてまた、ジョバンニの孤独は悲しくても尊い、という声も数多く寄せられています。

〈幸いは、それぞれが見つけだすものだから、幸いなるものを探す旅は孤独だ〉（京都府・山田純子さん・41）、〈「ほんとうの幸い」を求める者は、どうしようもなく孤独になる〉（岩手県・冨永朋之さん・46）、〈孤独を引き受けていくことでしか天上に至る道は見つからない、と作者は語りかけているようだ〉（神奈川県・さえさん・52）……。

その「ほんとうの幸い」とはなんでしょう。宮城県の伊藤理賀子さん（29）は〈悲しみやもどかしさを抱えながら、それでも守るべき人たちのために生き続けること〉と読み取り、北海道の本の虫さん（55）は〈悲しい出来事や理不尽なことに出会い、しかしそれを乗り越えて日常の生活をしなければならない〉と言います。さらに、〈銀河鉄道は生と死の境界の鉄道だった〉という東京都の井上真由美さん（39）の声に応えるかのように、京都府の櫻井佳世さん（39）は〈死は常にかたわらに存在し、人を不条理に捕らえてしまう。そんな中で生きていることの偶然性、不思議さ、美しさが昇華されている〉と作品を称《たた》え、広島県の小山和子さん（55）は〈生者は死者に支えられている〉と、宮沢賢治と夭折した妹トシの関係をも彷彿《ほうふつ》させる一言を。

確かに死は悲しい。孤独はつらい。けれど、宮沢賢治は主人公を少年にすることで、そしてジョバンニが母親のもとへ駆け出す姿をラストシーンで描くことで、「生」への祈りを込めたのかもしれません。

〈旅の終わりは残酷だが清冽《せいれつ》でもある。それは、ジョバンニが成長していく物語だからだ〉と東京都のFさん（52）が言い、〈友との別れと向き合うことからジョバンニのおとなへの旅立ちが始まるのだろう〉と山形県の小関トシ子さん（72）が言う、そんなおとなたちの声は、現実の子どもたちへのエールのようにも聞こえるのです。

だからこそ、最後に山梨県の網野よしみさん（55）の投稿を紹介させてください。〈生きることが内包している根源的な哀《かな》しみが、優しさや慈しみの源と感じられる昨今です〉と書いてくれた網野さん、本作との出会いは30年前、娘さんを亡くした時——慟哭《どうこく》の日々から救われる思いだったそうです。

〈時は流れ、孫に絵本の『銀河鉄道の夜』を読み聞かせる幸せに恵まれました。命のことを幼い孫たちに伝えられたらいいな、と思っています〉

生きるって……そういうことなんですよね、きっと。

投稿数　９１３通

雪国

川端康成

川端康成

Kawabata Yasunari

1899(明治32)年〜1972(昭和47)年

大阪市北区に開業医の息子として生まれた。幼くして両親ほか近親者を失い、15歳以降を寄宿舎で過ごす。中学時代から小説家を志し、1920年、東京帝大文学部に入学。21年「新思潮」(第6次)を創刊、同誌に発表した『招魂祭一景』が菊池寛らに認められ、「文藝春秋」の同人となる。26年の『伊豆の踊り子』以降、『雪国』『名人』『千羽鶴』などの作品を次々と発表。44年、『故園』『夕日』などにより菊池寛賞を受賞。68年には、その「日本人の心情の本質を描いた、非常に繊細な表現による、彼の叙述の卓越さ」が高く評価され、日本人として初めてノーベル文学賞を受賞。戦後は日本ペンクラブ会長、日本近代文学館名誉館長を務めるなど多忙を極め、作品数が激減。72歳のとき、逗子の仕事部屋でガス自殺を遂げた。

文庫で入手可能なもの
新潮文庫、岩波文庫、角川文庫

内容解説

1948（昭和23）年に刊行された長編小説。無為徒食の妻子持ち・島村は、雪国の温泉町に住む芸者の駒子のもとを数年にわたって訪れているが、一方で「刺すように美しい目」を持つ若い葉子にも惹かれている。「駒子の愛情は彼に向けられたものであるにもかかわらず、それを美しい徒労であるかのように思う彼自身の虚しさ」を覚え、「自分が生きていないかのよう」に感じながら、駒子や葉子のなかに瞬間的に現れる純粋な美を追求するところに、日本的な美の世界が成立している。「夜の底が白くなった」「なつかしい悔恨に似て」など、情景や心情の描写はことに評価が高い。

『雪国』【1】

書き出しは有名ですが

『雪国』といえば、書き出しの一節「国境の長いトンネルを抜けると雪国であった」が広く知られています。

ただ、あまりにも有名であるがゆえに、〈「冒頭は知られているが最後まで読まれたことがない名作ランキング」の上位常連〉（宮城県・小林庄兵衛さん・37）になってしまっているのも、また事実でしょう。

実際、〈自分もその順位を押し上げている一人〉と認める庄兵衛さんをはじめ、〈読んだことはなかったが、冒頭のフレーズは記憶にとどめている〉（秋田県・冨樫亨さん・83）、〈メジャーな書き出しだが、どんな筋立てかは忘れていた〉（福島県・菅野仁さん・65）といった声が数多く寄せられた本作、では実際に読んでみた感想は……これが、驚きと衝撃に満ちているのです。

〈『雪国』とは、こんななまめかしい小説だったのか？〉（東京都・小西雄子さん・68）

〈初めて読んだ中学生時代には実感できなかったが、読み返してみて、これほど色っぽい内容だったのか、と驚いた〉（東京都・池田光男さん・50）

〈こんなにじっとり、ねちねちした男女間のバトル小説だったのか〉（大分県・三原平次さん・60）

確かに、島村と駒子、葉子をめぐる人間模様は、背景がこまかく描かれていないぶん、幻想的なまでになまめかしい。〈五十を過ぎた私が、恋をした気分です〉という香川県の三好一彦さん（53）の言葉にうなずく人は、男女問わず多いはず。さらに、妻子がありながら国境のトンネルを抜けた雪国で色恋にふける島村の姿は、〈男としては一度経験してみたいうらやましいもの〉（兵庫県・中村秀美さん・46）——これもまた、一つの本音かもしれません。

ただし、女性陣からは、その島村に対して厳しい声が。

〈男にとって都合のいい話のようで、癪《しゃく》に障る〉（東京都・横山圭子さん・46）

〈島村のような男が善人面して語る人間模様には興味をそそられない〉（福岡県・森脇朱

美さん・56〉

〈気が向いた時に出かける温泉に、自分に惚《ほ》れて待っている女がいる。なにもしてやれなくてごめん。それでも、相手は自分を慕いつづけている……。なーんて状況は、男の夢とロマンでしょうか〉（大阪府・えくりさん・48）

ノーベル賞作家の代表作は、男の身勝手さの生んだ三角関係のドラマに過ぎなかったのか、それとも、愛憎劇のトンネルを抜けた先に、新たな世界が広がっているのか。

若い世代の田嶋文海也さん（千葉県・26）は、こう書いてくれました。

〈自分自身にもありがちな「この子も好きだけど、あの子もいいなあ」という俗っぽいものを描いているのに、明らかになにかが違う。この物語には、雪国の自然と同じような、厳《おごそ》かな美しさが漂っているのだ〉

その〈なにか〉を探るべく、作品世界へと足を踏み入れていきましょう。

『雪国』【2】

描写の美しさを称える声

四十数年前の中学生時代、お父さんの書棚から『雪国』を借りて読もうとした千葉県のあべ素果さん（60）、お父さんに「これは君の年で読む本じゃないよ」と止められたそうです。

〈やっとその意味がわかりました。ずいぶんきわどい小説なのだな、と思いました〉

同じことを立場を変えて、東京都の高橋英之さん（46）。

〈中学生の息子に薦めてみましたが、実際に自分で読むと、数ページであわてて「この本はやめとけ」と息子に言わざるを得ませんでした〉

確かに本作は静かな官能の美に満ちています。しかし、その一方で、薄衣をまとったような物語の描き方にもどかしさを感じるという声もありました。

〈最後まで人間関係がよく把握できない〉（神奈川県・町田香子さん・53）、〈一つ一つの情景はくっきりと目に浮かぶのに全体がつかめない〉（広島県・柴原布早子さん・57）、〈登場人物たちがなにをしたいのかよくわからない〉（埼玉県・秋山千晴さん・44）……。

ただ、そのおぼつかなさは〈読んでいる間ずっと題名の「雪国」が頭を離れなかった〉（愛媛県・白岩チヅ子さん・76）という言葉どおり、真っ白な雪景色が遠近感を消し去り、鈍色《にびいろ》の空から降りしきる雪が時間の感覚を失わせてしまうことにも通じるのかもしれません。

だからこそ、三重県の紫敷布さん（58）は、むしろ薄衣一枚を残した川端康成の筆力に感嘆して、〈郷愁に満ちた雪国の情景を描き、駒子や葉子を美しく表現しながら、読み手にじれったさを残す。これは計算された小説の構成です〉。

東京都の大津留尚代さん（67）も〈エロチックなところにびっくりしたが、美しい情景に入り込んでしまうと、その気持ちはどこかに押しやられた。読み継がれるのも納得〉と脱帽し、大阪府の西尾友希さん（29）もまた〈凛《りん》とした言葉の美しさの前では、島村の身勝手ささえも、しんしんと降り積もる雪の中に身を横たえ、浄化されていくようでした〉と、描写を讃《たた》える声は枚挙にいとまがありません。

さらに、作品の主題につながる描写のとらえ方も——。

〈島村は夜の列車の窓を鏡にして葉子を見て、朝の宿の鏡に駒子を見る。これは象徴的だ。島村が感じる美しさや悲しさは観念の世界に反転している〉（大阪府・石田誠さん・61）

〈葉子と駒子、雪と炎、地上と天、トンネルのこちらと向こうなどに象徴される二元性を読み取らないと、『雪国』は理解できません〉（奈良県・安川祐子さん・54）

〈川端康成は駒子と葉子の2人により、動と静、陽と陰という人間の性を表現し、島村がトンネルを行き来することで、理性と感情という人間の心を表現した。雪国の美しい風景の中で、人間の本質を語ろうとしたのではないか〉（東京都・稲木有司さん・46）

では、川端康成が見つめる人間の本質とはなんだったのか。次章、駒子と葉子を軸にしてそれを探ってみましょう。

2人のヒロイン駒子と葉子を比べると?

〈駒子というややこしい女、どこがいいんだろう〉と首をひねる愛媛県の川上ますみさん(58)に、いえいえ、と愛知県の中川佳子さん(43)。〈雪は、清潔で美しく一途な駒子そのもの〉。福岡県の松尾三郎さん(73)が〈生きる喜びは逃避ではなく挑戦だよ、と叫んでいる駒子の人生は美しい〉と称《たた》える一方で、東京都の染井元子さん(50)は〈駒子のような女性を純粋で一途だと思うか否か。これこそ、婚活サギに遭う危険性の度合いを測る材料となります〉とばっさり……。

ヒロイン・駒子をめぐる感想は、みごとに真っ二つに分かれてしまいました。これまでの読書会と同様、さすがに名作のヒロインは一筋縄ではいかないようです。しかし、ここに数学でいう補助線を引いてみたら、どうなるでしょう。

〈読んでいて、葉子の存在が妙に気になりました〉(宮城県・北山潔さん・50)——そう、

2人目のヒロインである葉子を駒子と対置させてみると、島村／駒子の関係とはまた違ったものが見えてきそうです。

〈張り詰めた雰囲気を持ち、すべてを抱え込もうとする葉子のほうが、私にはずっと魅力的だった〉（神奈川県・増子理恵さん・37）や〈女性読者からすると葉子のほうに興味がある〉（東京都・相馬つづるさん・40）など女性からの支持が高い葉子は、物語の中でどんな役割を果たしているのか。

まず目立ったのは、「対比」としてとらえる声。〈駒子は現実の理想の女、葉子は非現実の理想の女かもしれない〉（大阪府・小井川和子さん・65）、〈駒子には人間そのものを、葉子には神々しいものを対比させているのでは〉（長崎県・松尾美保子さん・60）……。

しかも、両者は対比されながらも、滋賀県の安積こうさん（39）が〈違うように見えて、2人は一つ〉、埼玉県の内藤美子さん（51）が〈「動」の駒子も「静」の葉子も、気性の強さや一途さは同じでは？〉と言うとおり、一つにつながっているようでもあるのです。

鏡に映る姿？　降り積もった雪に伸びる自分の影？　実際、作中に鏡が多用されているのは前章で確認したとおりですし、「影」をキーワードに駒子／葉子を読み解く声も多数寄せられています。

〈葉子は駒子の弱さであり、さまざまな影の部分を背負った存在である〉（京都府・櫻井佳世さん・39）

〈駒子と葉子は光と影。葉子がいるからこそ、駒子が輝きを持ち、駒子がいるからこそ、葉子の存在意義が確固たるものになっていくようだった〉（東京都・成瀬柚子さん・16）

そう考えると、駒子への賛否両論もまた、川端康成が作中に織り込んだ「対比」の仕掛けのうちなのかもしれません。ならば、島村は？〈この小説の真の主人公は駒子と葉子だと思う〉（埼玉県・坂本美和さん・36）とまで言われてしまう島村は、どう描かれているのか。次章、川端が島村に託した「末期《まつご》の目」をめぐって——。

『雪国』【4】

主人公を通して何を描く？

なんとも評判が悪いのです、島村という男は。〈いけ好かないやつだ〉（埼玉県・大宮さん・24）、〈歯がゆさといらだちを感じました〉（東京都・小山晴義さん・46）、〈腹立たしく思う〉（兵庫県・Sakuraさん・54）……と非難ゴウゴウ。駒子にも葉子にも曖《あい》昧《まい》な態度を取る島村の〈傍観者としての冷たい距離感〉（兵庫県・棟安都代子さん・48）に対する反発は予想以上でした。

しかし、岩手県の小笠原安紀子さん（55）は首をひねるのです。〈彼は男性なの？ときどき輪郭がなくなって、ぼやけるように描かれている彼はいったい誰？〉――この言葉だけではわかりづらくても、京都府の若山哲郎さん（59）の投稿を並べてみるとどうでしょう。

〈「陰」と「陽」、「静」と「動」などの二つの相反するものを際立たせるためには、ど

こまでも深く透明で、なにごとにも影響されない背景が必要。それが島村の役目である〉

また、群馬県の半田沙織さん（29）は〈島村は自然と一体化し、溶け込んでいるような存在。島村こそが「雪国」そのものでは？〉、千葉県のみつばちさん（46）は〈読み進むにつれてまわりの景色に同化していき、色を失っていく島村は、「時代」「宿命」を体現している〉。さらには、島村が無為徒食であることに「死」を感じ取った声もあります。滋賀県のわびすずめさん（57）は、染織業という仕事柄もあってか、〈無為の男（ある意味、死者）の目が、生そのものを生きている駒子を、なんと色鮮やかに映し出すことでしょう〉と、「末期の目」が映すあやしいまでの美しさに注目しているのです。

となると、島村はただの憎まれ役ではなくなりそうです。川端康成は、自身の「末期の目」に通じる島村のまなざしを通して、なにを描こうとしたのか。

〈川端康成は、失われていく日本の雪国の哀《かな》しいまでに美しい景色、その空にかかる星の美しさを書きたくて書いたのである。また、滅びていく日本の女の着物姿や振る舞いや言葉の美しさについて書きたくて書いたのである〉（岐阜県・マリオさん・57）

〈川端康成は、人間は本質的に「寂しいもの」であることを言いたかったのではないか〉（千葉県・若林みつ子さん・74）

美と孤独、そこにマリオさんの言う「失われていく」「滅びていく」を重ねると、作中で島村が口にする「徒労」の一語がひときわ重く響きます。

長いトンネルを抜けた先の雪国は、美と孤独を純粋なまま封じ込めることのできる舞台でした。大阪府の内藤洋志さん（39）は言います。〈「雪国」は作家の心の中にこしらえた日本の隠れ里のような存在だったのではないか〉――しかし、それも姿を消してしまったのか。〈上越新幹線の長くもないトンネルの向こうに物語は失《う》せ、いまや日本人こそ一番理解しづらい世界、それが「雪国」だろうか〉という栃木県の池田京子さん（45）の声を、泉下の川端はどう聞くのでしょう。

投稿数　742通

開高 健

オーパ！

開高 健

Kaikô Takeshi

1930（昭和5）年〜1989（平成1）年

大阪市生まれ。敗戦を10代で迎え、戦後の闇市のなかで青春を過ごす。1953年に大阪市立大学を卒業。54年寿屋（現・サントリー）に入社、宣伝部員に。57年発表の『パニック』で注目を集め、58年『裸の王様』で芥川賞を受賞、本格的な作家活動に入る。59年『日本三文オペラ』、60年『ロビンソンの末裔』などを刊行。60年代になってからベトナム戦争に関心を示し、しばしば現地に赴き、その体験は68年『輝ける闇』（毎日出版文化賞）、71年『夏の闇』に結実した。78年短編『玉、砕ける』で川端康成賞、86年『耳の物語』で日本文学大賞。ノンフィクションにも才筆を振るい、60年『ベトナム戦記』、アメリカ縦断釣り紀行『もっと遠く！』『もっと広く！』（ともに81年）など一連のルポルタージュ活動により81年菊池寛賞を受賞。

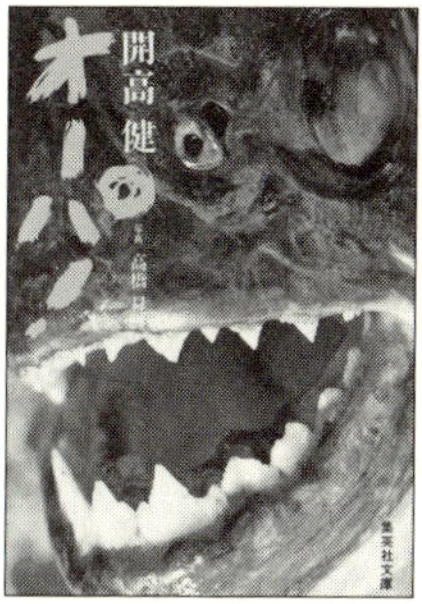

文庫で入手可能なもの
集英社文庫

内容解説

1978（昭和53）年に刊行された紀行（写真・高橋曻《のぼる》）。地上唯一の、最後の大河で怪魚・珍魚を求める65日間の旅をつづる。20世紀の毒に浸透されつつあるアマゾン河だが、魚のいるところに行けば今でもまだ、史前的な豪奢を味わうことができるのだ。ダニに悩まされ、蚊に攻め立てられ、いい穴場をめざしてときには船で2日2晩走りつづけた。極貧の漁師たちの淡々とした鷹揚さに心を打たれ、燦爛たる夕焼けのなかで、リールのきしむ音、竿のたわむ音に耳を傾けながら、水面を跳ね狂う魚に恍惚となる。悠然たるスケールで釣りファンのみならず幅広い読者を獲得した。

『オーパ！』【1】

アマゾンの釣りで見た魅力的な「大物」とは？

豪快な本であります。舞台はブラジル・アマゾン河、題材は釣り。タイトルの「オーパ！」とは、ブラジルの人々が驚いたり感嘆したりするときに発する言葉です。

〈『雪国』からの、この振れ幅はなんなのでしょうか〉（大阪府・早瀬美知子さん・59）――まったく、おっしゃるとおり。〈本を開くと「なんじゃこれは」と思った。半分写真集ではないか。間違った本を買ったのかとさえ思った。選択基準がわからない〉（兵庫県・高木朝雄さん・62）、〈読書会で『オーパ！』が選ばれたことが私には「オーパ！」です〉（神奈川県・宮崎千賀子さん・58）――おしかりの声、ご不満の声に恐縮しつつも、じつは、その困惑こそが進行係としてはうれしい反応でした。

〈『雪国』の次が『オーパ！』とは、気持ちを解放する仕掛けでしょうか〉（香川県・大伏節子さん・59）

〈不景気、失業、倒産、倹約と、小さく内へ内へと縮んでいたところにこの本を読みはじめて、スカッと目を開かれた〉（神奈川県・K子さん・57）

我田引水とは承知のうえで、まずはとにかくアマゾンの大自然と、それを活《い》き活きと描く開高健の文章を愉《たの》しんでいただければ、と願っています。

もちろん、本書は〈太公望にとってのバイブルの一つ〉（岐阜県・細江隆一さん・41）だけに、釣り好きにとってはたまらない紀行です。〈高校時代に初めて読んで、各章の扉に載せられているルアーの数々を購入するために釣り具屋さんをハシゴしました〉という和歌山県の松房雅生さん（45）と似たような思い出をお持ちの方も、きっと数多いはず。

ただし、大の釣り好きを自任する宮城県の小林庄兵衛さん（37）は、〈われわれ釣り師は、開高健の投げた「釣行記」という疑似餌《ぎじえ》に食いついただけかもしれない。この作品の本質は文明論だ〉。釣りの体験は数回しかないという愛知県の北野治さん（62）も、〈これは面白い。釣りを描きながら、地球、地誌、河川、土、つまり人の生きざまを描いているからだろう〉。さらに愛知県の角葉子さん（60）は〈釣りを通して人間を描いているのですね〉、開高健の作品を読むのは本書が初めてという京都府の櫻井佳世さん(39)も、〈太古からの人間と自然の営みがすべて詰まっていると感じました〉……。

だからこそ、〈『輝ける闇』という素晴らしい作品を描きながら、そのうち釣りにうつつを抜かす小説家になってしまった、と彼を少し軽蔑《けいべつ》していた〉と率直に打ち明ける東京都の猪股誠司さん(75)は、本書の読了後に〈開高健はなにを見、なにをし、どこへ行こうとも、物事の本質を見通す目を持った作家だったのだ〉と心地よく前言を撤回しているのです。

どうやら、開高健の描いたアマゾン河の中には、魅力的な「大物」が(しかも何尾も!)ひそんでいそうです。

その豊饒《ほうじょう》な水面に向かって、釣り糸を放ってみましょう。

『オーパ！』【2】

旅立つ人にも、旅立てない人にも

福岡県の白倉祥晴さん（39）から、こんな投稿をいただきました。〈年齢とともに瞬発力がなくなる自分をなんとかしたいと思い、2年前から釣りを始めました。きっかけは開高健のエッセーです〉――この「瞬発力」は「行動力」と呼び換えてもいいかもしれません。

栃木県の塚本美砂子さん（47）も、本書から学んだことを次のようにまとめています。〈まず自分が感じ、感動し、そして自分からまずやってみようと動きだすことが、生きることの楽しさであり面白さである、ということ〉。さらに、うんと若い12歳の小坂友菜さん（東京都）も〈打ち込めるものがあるのはすごいことです。それがパワーを与えてくれるのだと思います。なので、開高さんはこんなにも生き生きして見えるのだと思います。私もそんなものを見つけたいです〉と、人生の奥義を学んでくれた様子です。

確かに、アマゾンを旅する開高健の姿は、どこまでもタフでエネルギッシュ。〈読み終わって、ほとほと疲れた。仕事疲れや雑事で思いわずらっているときには、とても読み切れるものじゃない〉（神奈川県・花の江藤沢さん・50）という声もあるのですが、女性陣からは期せずして同じキーワードを用いた声がいくつも寄せられました。

〈いまどきの草食系男子こそ読むべし！〉（千葉県・萬濃その子さん・82）、〈草食系男子とやらに、爪《つめ》のアカを煎《せん》じて飲ませてやりたい〉（山口県・大崎玲子さん・51）、〈草食系男子くんたちに、このたくましさとチャレンジ精神を見習ってほしい〉（埼玉県・ふーさん・48）……当の男性からも、〈とにかくスケールの大きな本である。私のような草食系男子とは正反対〉（埼玉県・岡本雅文さん・36）と脱帽宣言が。

しかし、開高健は「旅立てないこと」を決して批判してはいません。むしろ、〈日常生活に倦《う》んでいる中年男性への応援歌〉と茨城県の狩野壮一さん（63）が言うとおり、どこにも出かけられない人たちに「忙しい毎日、わかるデ、ご同輩」と愛情とエールを込めて本書を捧《ささ》げたのかもしれません。

〈「いまのうちにできるだけのことはやっておきなさいよ」と背中を押されたようで、

勇気をもらいました〉（広島県・スーちゃん・50）

〈高齢ではあるが、なにかに挑戦して「オーパ！」に出会ってみたくなった〉（福岡県・松尾三郎さん・73）

元気が出るのは、男性だけではありません。千葉県の藤井恒子さん（55）は――。

〈老親の介護のために年に10回近く帰省を繰り返すいまの私には、自分の足でその地を歩いて、見たり触れたりすることはできませんが、台所の窓から見える小さな空も、黄色く濁った広大なアマゾン河の上の空に続いていると思うと、心の中を風が吹き抜けるように感じられました〉

「ナ、そうやろ？」といたずらっぽくウインクする開高健の写真、本書にもあったような、なかったような……。

『オーパ!』【3】

読み手の五感を刺激する文章

本書の冒頭、旅を始めたばかりの開高健はアマゾン河について、こう書いています。
〈一瞥《いちべつ》すると、たちまち言葉は影も爪跡ものこさずに蒸発してしまう〉——それでも作家は、言葉でアマゾンに立ち向かいます。

神奈川県の石曽根康一さん（26）が〈目で見るだけではない。鼻でかぎ、舌で味わい、肌で触れる。身体全体で感じた事柄が言葉に凝縮されている〉と言うとおり、〈文章を読んでいると音までも聞こえてくる〉（千葉県・久保田里美さん・44）、〈いつのまにか筆者と同じように息を呑《の》んだり、焼けるにおいや、かゆみさえ感じている気がした〉（大阪府・堀野紀子さん・59）、〈味の表現一つとっても、「甘～い、やわらか～い、食べやす～い」の三語で片づけてしまう人とはまったく違うものを食べたんじゃないかと思う〉（千葉県・さやさん・60）……と、読み手の五感を刺激する文章は、旅の記録にとどまってはいません。

〈旅自体のスケールも大きいが、それを考察し、描写する開高氏の博識、ユーモア、圧倒的な表現力によって何倍もスケールがふくらんでいる〉（埼玉県・KANIさん・43）

その大きな構えで綴《つづ》られる文章は、釣りになぞらえるなら「引き」も強くなります。〈釣りにもアマゾンにもほとんど興味がなかったのに、思わず引き込まれてしまいました。不思議です〉（埼玉県・森田裕子さん・34）、〈目が疲れ、霞《かす》んできて、しばらく本を伏せるほど夢中になりました〉（三重県・川村緑さん・81）、〈男性向きだと思って読まずに夫に勧めたが、思い直して読み進めていくうちに、すっかりはまってしまった〉（千葉県・島田妙子さん・70）……。

それは決して、豊富な語彙《ごい》や卓越した文章技術だけがもたらしたものではないはずです。〈人は「感動する」ことを求めて、努力し、苦労し、失敗し、笑い、共感し、突き進むのだということを、開高さんはストレートに伝えています〉という長野県の柳沢由美子さん（57）に呼応するように、お寺の住職・福島県の三村達道さん（70）は〈「オーパ！」の叫びをどれだけ発することができるのか。それは、生きる人間であることの証《あか》しでもある〉。

だからこそ、〈昔、息子たちが家にいた頃は、どいつもこいつも開高健と矢沢永吉だった〉と振り返る二宗宥二さん（広島県・76）は、いま、開高健に惹《ひ》かれた息子さんたちの気持ちを理解し、力強く宣言します。

〈老妻が顔をしかめようが、殴りかかってこようが、得意のおやじギャグと下ネタを自由に使って生きていくのだ〉

もっとも、若い世代の鈴木寛子さん（埼玉県・25）からは、こんな声も寄せられました。

〈本文中では珍味に数えられているアボカドもシュラスコも、いまや珍しい食べ物ではなくなりました。こういう冒険譚《たん》もだんだん減っていくのかと、ふと寂しく感じたりして〉

次章、旅の終わりに作家の胸に残ったものについて——。

『オーパ！』【4】

旅の終わりに作家の胸に残ったもの

今年（２０１０年）は開高健の生誕80年。同い年の長岡英子さん（神奈川県）は、本書を〈痛快な旅行記として読み終わるのは同世代としては辛《つら》かった〉と言います。〈著者の求めるものはなんであるのか。悠久に存在させるべき形はどんなものか……〉

焦土から再出発した戦後を生き抜いてきた世代ならではの問いに、千葉県のタカ子さん（73）はこう応えます。

〈開高氏は、戦後を引きずりながら高度成長のうねりにのまれて、一見華やかな様相を呈している日本に不安を感じ、いたたまれずにアマゾンへ旅立ったのではないか〉

しかし、アマゾンにも、変化は確実に訪れています。その象徴が人工都市・ブラジリア。〈大河アマゾンとは対照的なブラジリアの記述こそが本書の核〉（愛知県・園部光さん・36）――その「核」は、甘いのか苦いのか。大阪府のえくりさん（49）の〈アマゾンから都市に戻ってきた時のガッカリした感じ、いつかどこかでこんなふうに感じたことが私にもあったな、と共感を覚えました〉という言葉にうなずく人も少なくないでしょう。〈今も昔も自然破壊は変わらず、その現状はただ悲しい。本書は「悲しみ」の作品だからこそ長く読み継がれたのでは〉（宮城県・佐藤拓さん・40）、〈本書はアマゾンへのレクイエムではないか〉（埼玉県・福島進さん・53）などなど、現在のアマゾンの環境を案じる声は、ほんとうにたくさん寄せられました。

それでも、兵庫県のはなえりさん（27）は〈開高健は決して都会を否定しない。アマゾンから突如として出現した首都に、エネルギッシュな人間の営みを見ている〉。開高健の肖像の版画をはがきに刷ってくれた青木玲さん（東京都・13）も〈開高さんは複雑な「人間」を愛してくれたような気がしました〉。なるほど、コピーライターとしての開高健の名作「人間らしくやりたいナ」の精神は本書にも息づいているのかもしれません。

そんな「人間」は、このニッポンの、この日々の暮らしの中にもたくさんいるはずだし、いてほしい。

長崎県の樋口八洲太郎さん（67）は、亡き父親の書棚にあった本書を開いて、〈元手のかかっている本はどこかによいものがある〉と書かれた感想メモを見つけました。それは書物だけの話ではなく、元手も「旅」や「冒険」に限るものではないでしょう。だからこそ、〈還暦を過ぎるまで毎日仕事ばっかり〉だった夫の書棚で本書を見つけた福井県の吉村永子さん（56）は、〈滅形し荒涼とした憂鬱《ゆううつ》、淀《よど》んで腐った潮溜《しおだ》まり。何十年もちゃんとそこに住んでいる主人を褒《ほ》めちぎりたくなりました〉。

胸にロマンを抱きつつ、今日も日常の中で、少々くたびれながらも、それぞれに元手のかかった人生を……「人間らしくやりたいナ」。磯釣り好きだった父親の享年と同じ年になった樋口さん、父親の遺《のこ》した道具で自分も釣りを始めるつもりなんだと最後に書き添えてくれました。

投稿数　678通

金閣寺

三島由紀夫

三島由紀夫

Mishima Yukio

1925（大正14）年～1970（昭和45）年

本名は平岡公威《きみたけ》。東京市四谷区（現・新宿区）の官僚エリート一家に生まれた。学習院初等科在学中から多くの作品を発表。1946年、川端康成に認められて文壇デビュー。東大法学部を卒業後、大蔵省に入るが9カ月で退職。49年『仮面の告白』により脚光を浴びる。55年からボディビルを始めて「肉体改造」に取り組むと同時に、古典的文学に注目するなど「文体改造」もおこない、その双方を56年『金閣寺』として昇華させた。同時期、54年『潮騒』、57年『美徳のよろめき』などベストセラーを多数刊行、「よろめき」は流行語にもなった。60年安保以降、ナショナリズムに目覚め、68年には民兵組織・楯の会を結成。70年、自衛隊にクーデターを促したが果たせず、45歳で割腹自殺を遂げた。遺作は四部作『豊饒の海』。

文庫で入手可能なもの
新潮文庫

内容解説

1956（昭和31）年に刊行された長編小説。50年に実際に起きた金閣寺放火事件に材を求め、金閣の美にとりつかれた「私」こと溝口賢を描く。重度の吃音《きつおん》障害による精神的な不遇と戦後の不安定さのなかで、将来、女、友といった現実世界での存在理由を失くしていった「私」は「美ということだけを思いつめ」た結果、「金閣を焼かなければならぬ」という想念にとりつかれ、放火を実行するに至る。日本の伝統美の象徴ともいえる「金閣のように不滅なもの」を破壊することで、精神的に永遠たらしめ、己の生涯を破滅に導いた青年は、三島自身の内面の投影ともいわれている。

『金閣寺』【1】

作家の死が読み方を変えた

当読書会も、いよいよ最後の1冊。ここで、問い合わせの多かった選書の基準について回答します。物故作家の文庫化されている作品が大前提で、そこから再読／初読のバランスを考え、賛否両論や解釈の幅広さに鑑《かんが》み、さらに思い出など作品の「外」についての投稿も多く寄せていただけそうなものを……といった物差しで選んできたわけです。

ラストを飾る『金閣寺』では、とりわけ「外」の存在感が際立っていました。

まずなにより、自衛隊にクーデター決起を呼びかけたすえの自決という衝撃的な作家の最期は、やはり無視できません。〈三島由紀夫が世間を騒がせる死に方をしようと模索している姿が、主人公の溝口にはっきりと見えてしかたがなかった〉という長崎県の三枝健男さん（75）のように、作品と現実が溶け合う感覚で読み進めた人は少なくありません。刊行された1956（昭和31）年に本作を読んだ神奈川県の矢吹百合子さん（74）は、今回の再読を〈テレビの画面に映し出された作者の最期の姿が最初のページから終わりまで脳裏を離れず、初読の時にはなかったことですが、作品と作者とのつながりを求めて読み進めました〉。再読組にとっても、1970（昭和45）年の三島の死が作品の読み方を変えてしまったようです。

また、〈衝撃的な自死以来、三島由紀夫の作品は読まないことにしていた〉という愛知県の立松孜さん（66）は、半世紀以上をへた今回の再読で、新たな主題を読み取りました。

〈この作品は、金閣寺の美に対する嫉妬《しっと》を描いたのではない。いまに通じる、社会の一人として生きることができずに自分の中に閉じこもってしまった若者の悲劇を描いたもの〉

実際、主人公の孤独を社会や時代という「外」に敷衍《ふえん》する声は、世代・性別を問わずに数多く寄せられています。

〈不安定な時代を孤独に生きる現代の若者との共通性を感じた〉（三重県・マトリョミン

さん・36）、〈若い僧が放火へと追い込まれていく描写がせつなく、東京の秋葉原で無差別殺人を犯した若者の心情と不思議に重なり合う〉（京都府・奥村正男さん・66）、〈主人公は、最近の事件を起こした若者たちと共通する点をたくさん持っている〉（福岡県・吉田のり子さん・48）……。

だからこそ、福岡県の長野聡さん（47）は言います。

〈著者の問題意識は、刊行された昭和31年当時よりも、いまの日本社会でより普遍化し、尖鋭《せんえい》化している。その意味で、三島由紀夫は早熟だった〉

その一方で、東京都の斎藤千秋さん（51）は〈完璧《かんぺき》に美しい金閣寺を燃やしても、自分を絶望させたものに対する復讐《ふくしゅう》にはならない。主人公は戦うべき相手を間違えている〉と断じ、秋田県の三浦美希さん（52）は〈主人公を孤独なアウトサイダーとだけ表現してしまっていいのか〉と問いかけます。

その問いに答えるべく、作品の「中」に分け入ってみましょう。

『金閣寺』【2】

三島の思想や哲学が投影された物語

絢爛《けんらん》たる文章と、揺るぎなく構築された物語——三島由紀夫文学を語る際に必ず言及される特長は、現実の金閣寺焼失事件を題材とした本作でも変わりません。〈豊饒《ほうじょう》な言葉、透徹した表現、重層的な物語の構成と展開。文学はこうでなければならない〉と広島県の尾崎海星さん（63）が絶賛するとおり、〈一読して語彙《ごい》の豊かさに圧倒された〉（静岡県・松永茂さん・84）、〈佳麗なる言葉と文章に圧倒されながら短時間に読み終えた〉（福岡県・竹田八重子さん・81）と、まずはなにより物語や言葉そのものを称《たた》える声が多数寄せられました。

しかし、一方で、〈正直、こんなに読むのに疲れた小説は初めて〉（愛知県・一柳肇さん・69）、〈あまりにも難しい。息苦しくなってくる〉（大阪府・山田恵美子さん・69）という声も少なくありません。

〈完璧と言っていいほど美しい文章と、広範な知識に裏打ちされた理詰めの構成、隙《すき》のない作品は読者にほとんどゆとりを与えない〉（新潟県・古澤教男さん・77）、〈みんながわかるような文章では、傑作とは言われないのだろうか。私の頭は、難しい言葉と文章でパンクしそうである〉（神奈川県・松本千寿さん・33）……ただし「敬遠派」の皆さんも、頭痛や息苦しさを覚えつつ、途中で投げ出してはいないのです。

〈4月からの課題図書の中で一番難解でしたが、意外なことに途中でやめようとは思いませんでした〉と山口県の大崎玲子さん（51）が言い、神奈川県の内田稔さん（48）も〈主人公の印象は陰鬱《いんうつ》で好きになれないが、なぜか先を読み進めたくなってしまう〉と同感する吸引力は、「筆力」だけでは説明できないものかもしれません。若い世代の坂元敦子さん（東京都・20）が〈物語というよりも難解な哲学書を読んでいるよう〉と感じたように、ここには美をめぐる主人公の、ひいては三島由紀夫自身の思想や哲学が投影されていて、それが読者を（たとえ反発交じりでも）強く惹《ひ》きつけているのでしょう。

当然、文章は随所で思弁的になります。〈主人公はよく考える人だなと思う。正直言って、主人公の考えすぎには辟易《へきえき》した〉と東京都の近松淳美さん（51）が「敬遠派」を代弁して言えば、考えすぎることこそが三島文学では、と大分県のよしこさん（57）。〈三島作品に接する時、常に「過剰」という言葉がつきまとう。感受性、自意識、想像力、知性、豊饒な語彙力。挙げればきりがない〉。また50年前に初読した時には全文を書き写したという新潟県の星野洋一さん（70）も、〈美を表現しようとすれば、こんなにも深く形而上学《けいじじょうがく》的に饒舌にならなければできない〉。

その意味では、作品の最後の最後――金閣寺に火を放ったあとで主人公が思う「生きよう」の一言だけは、過剰な修飾があえて施されていないようです。まるで読者に問いを投げかけるように、むき出しのままで置かれた「生きよう」を、皆さんはどう受け止めましたか？

『金閣寺』【3】

最後の主人公の「生きよう」をどう思った？

絶対的な存在だった金閣に火を放った主人公・溝口は、途中まで自殺を決意していながら、最後には「生きよう」と思います。その翻意を、読者はどう受け止めればいいのでしょう。

〈やはり溝口には火に包まれて終わってほしかった〉（東京都・松原達雄さん・75）、〈どうせなら金閣寺炎上とともに彼もまた死して生きざまを浄化してほしかった〉（神奈川県・町田香子さん・53）と物足りなさを訴える声もあれば、もっと厳しく〈最後にふてぶてしく逃げたのには失望〉（宮城県・金子あづまさん・67）、〈金閣の炎とともに己も消し去るのかと思いきや、「生きよう」なんて最低〉（千葉県・嶋岡保子さん・80）と難じる声も。

その一方で、最後に生を選んだことにこそ意味がある、という投稿も目立ちました。

〈溝口が自由に生きるためには金閣寺に対する依存症からの脱却が必要だったのだ〉（広島県・岡本修芳さん・68）、〈彼は放火によって確かに金閣寺から自立して再生したのだろう〉（埼玉県・菱沼真紀子さん・62）、〈溝口にとって、金閣寺とは美の象徴であると同時に父の象徴でもあったのではないか〉（山形県・本間育美さん・31）、〈金閣寺を焼くことは「私」にとって若者から大人となる行為だった〉（広島県・柴原健児さん・74）……たとえ放火という罪による逆説的なものであれ、これは若者の成長小説の主題でもあります。

実際、〈金閣寺を抜け出して「生きよう」と思うところはかっこいいと感じました。最後のタバコを吸ってるシーンはクールでした〉と16歳の佐伯晃さん（石川県）が言えば、さらに若い13歳の中学1年生・奥村摩耶さん（兵庫県）は〈「生きよう」と思ったところに、ひたむきな強さを感じた〉と、若い世代は総じて溝口の生への希求を肯定しているようです。

もちろん、その「生きよう」は決して〈「明日に向かって」というなまやさしいものではない〉（神奈川県・小島道代さん・81）はずだし、〈この物語が美しさをもって完成されているのは、被害者が人間ではなく金閣だったから〉（兵庫県・はなえりさん・27）というのも確かでしょう。

だからこそ、〈最後の「生きよう」は「裁きを受けて生きていこう」だと思う〉（北海道・櫻井順子さん・67）という声も出てきて、また、さらに一歩深めて、生を選んだ溝口の今後について考える投稿も――。

〈建築物としての金閣寺を燃やしてホッとするのもつかの間のこと、心の中の金閣寺を消すことは、生きて戦うしか道はないのでは。それこそが「生きる」ということだと思う〉（福岡県・近藤良枝さん・61）

〈まだ彼の人生は続く。その先にあるはずの「金閣寺」に、どう立ち向かうのだろう〉（神奈川県・増子理恵さん・37）

31歳の三島由紀夫が青春の総決算と位置付けて書いた本作、溝口の「生きよう」から14年後に、三島自身は生を断ち切る道を選んだのでした。

『金閣寺』【4】

心を惑わせる三島の「魔力」

本書を開く前は「なんで金閣寺を焼く必要があるの?」と半ばあきれていた野崎佳宏さん(神奈川県・40)は、読後には感想が一変したそうです。

〈「燃やすしかないんだ!」と妙に論理的に説得されたように感じた。不思議な感覚というか、魔力のようだった〉

読み手の心をかくも惑わせる三島由紀夫の〈魔力〉について、多くの人がさまざまな声を寄せてくれました。

〈いじめや嫉妬《しっと》など、私の心を不安にさせる部分のオンパレード〉と富山県の豊の姉妹さん(43)が言えば、山梨県のシナモンさん(42)も〈「美」とはこんなにも人の心を不安にさせるものか、と初めて思いました〉。また、〈コンプレックスを持つ人間のどろどろした感情を表現するのが、うんざりするぐらいうまいなあ〉と東京都の渕上多鶴子さん（57）がうなる一方で、神奈川県の長岡英子さん（80）は、三島が人間の暗い面を露《あら》わにしながらも〈哀《かな》しい存在としての人間を、美しく端正な文章で表現してくれている〉ところに感嘆しきり。

しかも皆さん、主人公・溝口をはじめ登場人物それぞれの抱えた〈ねじれて汚れている〉（神奈川県・K子さん・57）ところを、決して他人事《ひとごと》としては見ていないようなのです。〈読みながらこんなにも不安だったのは、若年だった頃の自分の心の奥底にも、溝口と似た火種があったからだろうか〉（東京都・鶴見捷子さん・72）

〈溝口の持つ危険性は、どこか自分も持っているようで、恐怖を感じました。その点、『罪と罰』のラスコーリニコフのようで、しかも溝口のほうが断然共感できてしまったのです〉（愛知県・谷繁玲央さん・15）

だからこそ、〈私の中にも金閣はあると気がついた〉（大阪府・西尾友希さん・29）。さらには〈負の感情が破壊的な行動に変わるための「核」である金閣が、もしも自分にも与えられたら……〉（東京都・景山誠さん・48）と慄然《りつぜん》とする人も少なくないでしょう。

それでも――と、大阪府の二宮宏智さん（44）は〈這《は》いつくばって生きつづけることにも「美」はあると思いたいので、三島には抵抗したい〉。神奈川県の山内星修さん（31）も〈主人公の心理に妙に納得してしまいましたが、納得してはいかん、という気持ちも同時に起こりました〉。

皆さん、やっぱり惑っています。揺れ動いています。でも、それが小説を読むということの醍醐《だいご》味《み》ではないでしょうか。

本を閉じたあともなんとも落ち着かず、胸の奥に一言ではうまく言えないものが残るからこそ、そしてそれは十人十色だからこそ、僕たちは読後に誰かと感想を語り合いたくなるのかもしれません。

あたたかい読後感、苦みのある読後感、涙ぐんでしまう読後感……胸に残った12冊分のさまざまな思いが、12色のクレヨンのように明日からの皆さんの毎日を彩ってくれることをお祈りしつつ、当読書会も、いよいよ消灯の時間です。

投稿数　706通

番外編

読むこと、生きること

1年間にわたる紙上読書会の投稿総数は、1万2814通。紙面で紹介させていただいたのは、その中のほんとうにごく一部、のべ573通でしたが、投稿はすべて読ませてもらいました。

感想の文章に「書評句」を添えてくれた人、読書会が在宅介護の息抜きだったとおっしゃる人、離れて暮らす妹さんと「お互い最後までがんばって投稿しようね」と励まし合っていたというお姉さん、がんの余命告知を受けながら投稿をつづけてくれた人、小学生の娘さんと2人で「競作」するお母さん……。そんな皆さんの声にふれるのが進行役としてなによりの楽しみでした。『ノラや』の犬派・猫派の大論争（?）も忘れられませんし、『俘虜記《ふりょき》』や『あ・うん』の時に数多く寄せられた戦争中の思い出は、戦争を知らない僕の胸にも（いや、僕自身が戦争を知らないからこそ）深く染み込んでいきました。

連載がつづくと「常連さん」も増えました。職業欄に「求職中」と書いていた人が「会社員」に変わるとホッと一安心したり、逆のケースの時には苦い思いに包まれたり……。『坊っちゃん』の感想で自分の半生を「坊っちゃんとは逆に、我慢するばかりの情けないものだった」と振り返っていた70代の男性が、『オーパ！』を読んで「自分もなにか新しいものに挑戦したくなった」と書いてくれた時には、思わず拍手をしてしまったものです。

1回も欠かさず投稿を寄せてくださった方々も多数――その中から「皆勤賞総代」を選ばせていただくとすれば、やはり、最年長98歳の古賀ユキさんをおいて他にはいないでしょう。

そんなわけで、福岡県にお住まいの古賀さんを訪ねてきました。春の優しい雨が降る中、1年間の思い出をのんびり語っていただこうかな、と思っていたのですが……。

「開高さんの『オーパ！』だけが心残りでなりません」

古賀さんは、まず最初にそうおっしゃるのです。

「ほんとうは、開高さんが南米の珍しい魚を追いながら、また人間の社会に戻ってくることで、人間の社会が一回り大きくなる、それが文学の力なんだろう……ということを書きたかったんですが、締め切りに間に合わせるのが精一杯《せいいっぱい》で、やっつけ仕事になってしまいました。それが残念で残念で、感想文を出したあとも、もう一度書き直して送りたかったぐらいです」

足が弱って歩くことには少々難儀しつつも、背筋をピンと伸ばして語る古賀さんと向き合っていると、ああ、やっぱり「現役の読み手」なんだなあ、と痛感しました。

『あ・うん』『楢山節考』『俘虜記』……もう半年以上も前に投稿した作品についても、感想を書く時に苦労したことやお気に入りの場面など、メモを取る手が追いつかないほどすらすらと出てきます。

でも、それ以上に驚いたのが、かたわらに置いてあった2冊の文庫本——どちらも開高健のものでした。

「恥ずかしながら、開高健を読んだのは『オーパ!』が初めてだったんです。これを機会にもっと開高さんの本を読んでみようと思って、買ってきてもらったんです」

まだ「積ん読」なんですけどね、と照れくさそうに付け加える古賀さんに、僕はただ頭を垂れるしかありませんでした。

本を読むこと、本を読みながら生きるということは、未知の世界に足を踏み出すことの繰り返しなのかもしれません。

思えば、読書会に皆さんから寄せられた投稿にも、読み手の人生や暮らしがしっかりと溶け込んでいました。頭でっかちに解釈するのではなく、全身で作品を受け止めている。いわば「生きる」という元手のかかった、温《ぬく》もりのある感想です。年配の読み手が自分の生きてきた日々と重ねながら作品を語り、若い読み手はみずみずしさあふれる感想を寄せる、それが読書会のなによりの魅力だったのだと思うのです。

古賀さんの取材には、ひ孫の黒木千晶さんも同席してくれました。4月から高校に入学する千晶さんは15歳。僕が手渡した古賀さんの投稿のコピーにじっと読みふけっていました。ミステリー小説が好きだという千晶さんが、ひいおばあちゃんが読んだ12冊の本の中から「私もどれか読んでみようかな」と思ってくれたら、そして、その感想をひいおばあちゃんと語り合ってくれたら、わが家だけの百年読書会（なにしろ年齢差は83年！）が始まるわけです。

「若い頃は司法書士として働きながら、本を読むのが一番の楽しみでした。野上弥生子、辻井喬、田久保英夫……好きな作家はたくさんいますよ」

では、古賀さん、若い読者にお薦めの本はありますか——？

その問いに、古賀さんは迷わず「村上春樹は読むべきでしょうね。特に『遠い太鼓』がいいです」。

ちなみに、村上春樹さんがデビューしたのは1979（昭和54）年。古賀さんは67歳でした。還暦を過ぎて出会った作家を、98歳になったいま、若い世代に推薦する——「本を読みながら生きる」って、やっぱり、すごい。

1年間の労をねぎらうどころか、逆にこっちが励まされた気分で古賀さんのお宅を辞しました。古賀さん、いつまでもお元気で。そして、いよいよ百年読書会のエピローグもおしまい。投稿を寄せてくれた皆さん、記事の読者として読書会に参加してくれた皆さん、ほんとうにありがとうございました。

百年読書会が始まるまで

読書会っておもしろいらしい。新聞で読書会をやってみたいね。

2009年はじめ、読書面の編集スタッフで新しい企画について相談していたとき、そんな話になりました。

カレン・ジョイ・ファウラーの小説『ジェイン・オースティンの読書会』（矢倉尚子訳、白水社）は映画にもなっています。アメリカでは、オプラ・ウィンフリー司会のテレビ番組のブッククラブがちょうど話題でした。ここで取り上げられた本は、たとえばドストエフスキーの新訳がいきなりベストセラーになったりするらしい。

スタッフの1人が京都の「日本小説を読む会」という小さなグループのことを知っていました。メンバーは京都の作家や学者たちです。その1人、作家の山田稔さんがまとめた会報が傑作で、大いにほめ、盛大にけなし、思いがけない視点にあっと言わされる。ひとが小説を読んでいるだけの記録がこれほど面白いなんてびっくりした、といいます。

実際に集まって会を開かなくても、新聞を通して同じ本の感想をやりとりしてみたらどうだろう。その場合、ナビゲーター役が重要です。すぐ思い浮かんだのが当時朝日新聞の書評委員で、小説からノンフィクションまでその本の核となるところを見事に探り当てる書評の名手、重松清さんでした。1963年生まれの重松さんは同世代にも上の世代にも、そして何より若い人に絶大な人気を誇る作家です。

じつを言うと、ナビゲーターをお願いしたとき私たちが持っていった企画はかなり漠然としたもので、新刊既刊どちらを対象にするかも決めていませんでした（重松さんは、かなりびっくりされたんじゃないかと思います）。「新刊で4週分も投稿が集まるかな？」「前もって募集告知をしたほうがいい」「ペンネームでの投稿でもいい、と書いたらどう？」。ライターとしても編集者としてもキャリアの長い重松さんと打ち合わせるたびに「読書会」は具体的になっていきます。

――ぼくが考えているのはたとえば「百年読書」です。

ある日届いたメールの言葉が目に飛び込んできました。

ちょうど太宰治、松本清張、中島敦らが生誕百年を迎えることが話題になっていた時期で、百年という時間がつかみやすい。百年前に生まれた本、さらに百年読み継がれる本を次の時代へ伝えられたら――。イメージが次々にふくらみます。

第1回目は太宰治『斜陽』を取り上げることにしました。太宰人気は根強くても、これまでにあまり例のない企画です。投稿は来るだろうか。心配になった私たちは、家族や知人に声をかけ、投稿募集のポスターを作り伝手をたどって書店に置いてもらうこともしました。

新聞に投稿募集の記事を載せた次の日から感想がどんどん集まり始めました。メールでファックスで郵便で、どさっ、どさっと届く投稿をスタッフがコピーし毎週、バイク便で重松さんの自宅に届けます（最初、私たちが選んだ投稿だけ送ろうとしたのですが「全部読む」と言われたのです）。

「こんな企画を待っていました」——思いがけない読者からの声に励まされながら、新しい古典を探して読者といっしょに読みすすめていく「重松清さんと読む 百年読書会」はこうして始まったのでした。

2010年6月

朝日新聞読書編集長　佐久間文子

あとがき

連載の終わり間近、一通のファックスが当読書会に届きました。

常連投稿者のUさんが、連載終了を惜しみつつ、スタッフへの慰労のメッセージを寄せてくださったのです。

その中に、こんな一節がありました。

〈大袈裟ですが、人生を生き直しているような気持ちになることもありました〉

進行役をつとめた者として、これほどうれしい言葉はありません。居住まいを正して何度も読み返し、最後に深く、深く、ファックス用紙に一礼しました。

人生は、確かに一度きり。ひとは誰もがただ一度の人生を、自分一人で生きていくしかありません。やり直しはできないし、別の誰かの人生と取り替えることもできない。だからこそ、僕たちは小説を読み、映画やお芝居を愛するのかもしれません。たとえ束の間の夢であっても、「もう一つの人生」を生きてみる――フィクションの楽しみとはそのことに尽きるのではないか、と僕は考えています。

一編の小説との出会いが「もう一つの人生」との出会いであるとするなら、かつて心に刻んだ小説を年月を経て読み返すことは、「もう一つの人生」をさらにもう一つ増やすことにほかなりません。そして、同じ小説を読んだ別のひとの感想を知ることで、「もう一つの人生」はもっともっと広がっていくでしょう。それは決して、現実逃避――「いま生きている人生」の否定ではなく、逆に、さまざまな「もう一つの人生」に彩られることで「いま生きている人生」はより豊かになってくれるはずだ、と僕は信じています。願ってもいます。その願いだけは忘れることなく、センエツながらも進行役をつとめてきたつもりです。

そう考えてみると、読書会によって最も助けてもらったのは僕自身でしょう。

本文でも書いたとおり、投稿総数は1万2814通にも達しました。老若男女、全国津々浦々から、ほんとうにさまざまな感想を頂戴しました。メールあり、ファックスあり、ワープロ打ちの手紙あり、直筆の手紙あり……1通1通に、そのひとの人生が確かににじんでいました。頭の中だけで小説を解釈するのではなく、ご自身の生きてきた歴史や営んでいる暮らしが、「名作」とがっぷり四つに組んでいるのです。そんな重みのある言葉と向き合い、これだけの数の「もう一つの人生」に触れることができた1年間は、かけがえのない素晴らしいものでした。

とはいえ、紙面でご紹介できた投稿はごく一部に過ぎません。進行役がもっとうまく記事を構成していれば、もっと数多くの投稿をご紹介できたはずでした。掲載を楽しみに投稿してくださった皆さんへの申し訳なさは抱きつつも……やはりいまは、お詫びよりもお礼を言わせてください。

投稿してくださった皆さん、記事の読み手として読書会に参加してくださった皆さん、ほんとうにありがとうございました。読書会をつづけた1年間が、どうか皆さん一人ひとりの楽しい思い出になってくれますように、と祈っています。

読書会の始まったいきさつは、この小文の前のコーナーで、朝日新聞読書編集長の佐久間文子さんがお書きになっているとおりです。佐久間さんにあたたかく見守られながらの連載でした。また、担当の加来由子さんの励ましに勇気づけられながらの連載でもありました。佐久間さん、加来さん、そして、きめこまやかなサポートで支えてくださった市川綾子さん、ありがとうございました（ちなみに、スタッフの皆さんも全投稿を読んで進行役に伴走してくれました）。

こうして1冊の本にまとめていただくにあたっては、朝日新聞出版の矢坂美紀子さんにお世話になりました。新書のラインナップに加えてくださった岩田一平さんとともども、記して感謝します。

最後に、12冊の課題図書がなければ、そもそも読書会は成立しませんでした。素晴らしい作家に、素晴らしい作品……畏敬の念とともに、ナマイキながら、感謝！

もちろん、新しい読者との出会いを待っている作品や、再読して味わいがさらに増すはずの作品は、まだまだたくさんあります。読書会は幕を閉じても、なによりも大切なものは、むしろここから始まるのかもしれません。

13冊目の——あなたが選んだ課題図書についての感想、いつか機会があったら聞かせてください。

2010年6月

重松　清

＊初出紙

朝日新聞本紙日曜読書面
「重松清さんと読む 百年読書会」2009年4月から2010年3月まで。
本にするにあたって加筆訂正をしました。ただし引用させていただいた投稿者の方々の文章は、原則、新聞掲載時のままです。

＊著者紹介・内容解説は新潮日本文学辞典、「現代日本」朝日人物事典、全集ほか適宜参照し、編集部が作成した。

＊本文作品の扉・帯のイラスト→南伸坊

重松　清 しげまつ・きよし
1963年岡山県生まれ。早稲田大学教育学部卒。出版社勤務を経て執筆活動に入る。1999年『ナイフ』で坪田譲治文学賞、『エイジ』で山本周五郎賞、2001年『ビタミンF』で直木賞、2010年『十字架』で吉川英治文学賞、2014年『ゼツメツ少年』で毎日出版文化賞受賞。『定年ゴジラ』『疾走』『ニッポンの課長』『その日のまえに』『カシオペアの丘で』『ブランケット・キャッツ』『あすなろ三三七拍子』など著書多数。

朝日新書
245
百年読書会《ひゃくねんどくしょかい》

2010年7月30日第1刷発行
2016年7月30日第2刷発行

編著者　重松　清

発行者　友澤和子
カバーデザイン　アンスガー・フォルマー　田嶋佳子
印刷所　凸版印刷株式会社
発行所　朝日新聞出版
〒104-8011　東京都中央区築地5-3-2
電話　03-5540-7772（編集）
　　　03-5540-7793（販売）

Published in Japan by Asahi Shimbun Publications Inc.
ISBN 978-4-02-273345-0
定価はカバーに表示してあります。

朝日新書

田中角栄の昭和

保阪正康

昭和は3人の首相によって総括できる。東条英機、吉田茂、そして田中角栄だ。今も田中政治のDNAは権力中枢に伏流水のように流れる。毀誉褒貶の著しい異能の宰相を厳しく検証し、歴史の中に正しく位置づける。この人物は何者だったのか!?

百年読書会

重松 清 編著

直木賞受賞作家の重松清が百年読み継がれる12の名作を選び、全国の読者が朝日新聞に感想を寄せ合った。『坊っちゃん』『斜陽』『あ・うん』『砂の器』などをどのように読む? 12歳から97歳まで、1万3千通の大読書会の楽しさ、面白さ!

日本の居酒屋
——その県民性

太田和彦

居酒屋評論の第一人者・太田和彦30年の集大成。都道府県ごとに居酒屋の個性と魅力を分析し、客の酒の飲み方などに表れる県民性、各地の味覚、旅する理由を語る。のれんをくぐれば〝お国柄〟が見える。ここはうまし国ニッポン、さて次は、どこへ行こう。

老いを愉しむ言葉
心の専門医がすすめる一言

保坂 隆 編著

誰にも訪れる老いを、不安にとらわれず、前向きに愉しく生きていきたい。人々の悩みに寄り添ってきた精神科医の著者が、老いの真実を捉えた古今東西の先人の言葉から、心穏やかに生きていく知恵を探る。心に響く一言が、きっと見つかる。

夫に死んでほしい妻たち

小林美希

家事や育児において、妻の「してほしい」と夫の「しているつもり」の差は、想像よりもはるかに大きい。のみ込んだ怒りが頂点に達した妻の抱く、離婚よりも怖ろしい願望とは? 世の男性たちを戦慄させる、衝撃のルポルタージュ!